中华人民共和国
企业破产法
注释本

法律出版社法规中心 编

法律出版社
LAW PRESS CHINA
·北京·

图书在版编目（CIP）数据

中华人民共和国企业破产法注释本／法律出版社法规中心编. -- 3版. -- 北京：法律出版社，2025.（法律单行本注释本系列）. -- ISBN 978 -7 -5197 -9666 -2

Ⅰ. D922.291.925

中国国家版本馆CIP数据核字第2024ZT3107号

中华人民共和国企业破产法注释本　　法律出版社　编　　责任编辑　李　群　王　睿
ZHONGHUA RENMIN GONGHEGUO　　法规中心　　　　　装帧设计　李　瞻
QIYE POCHANFA ZHUSHIBEN

出版发行　法律出版社	开本　850毫米×1168毫米　1/32
编辑统筹　法规出版分社	印张　4.875　　字数　145千
责任校对　翁潇潇	版本　2025年2月第3版
责任印制　耿润瑜	印次　2025年2月第1次印刷
经　　销　新华书店	印刷　保定市中画美凯印刷有限公司

地址：北京市丰台区莲花池西里7号（100073）

网址：www.lawpress.com.cn　　　　销售电话：010 -83938349

投稿邮箱：info@lawpress.com.cn　　客服电话：010 -83938350

举报盗版邮箱：jbwq@lawpress.com.cn　咨询电话：010 -63939796

版权所有·侵权必究

书号：ISBN 978 -7 -5197 -9666 -2　　　　定价：20.00元

凡购买本社图书，如有印装错误，我社负责退换。电话：010 -83938349

编辑出版说明

现代社会是法治社会,社会发展离不开法治护航,百姓福祉少不了法律保障。遇到问题依法解决,已经成为人们处理矛盾、解决纠纷的不二之选。然而,面对纷繁复杂的法律问题,如何精准、高效地找到法律依据,如何完整、准确地理解和运用法律,日益成为人们"学法、用法"的关键所在。

为了帮助读者快速准确地掌握"学法、用法"的本领,我社开创性地推出了"法律单行本注释本系列"丛书,至今已十余年。本丛书历经多次修订完善,现已出版近百个品种,涵盖了社会生活的重要领域,已经成为广大读者学习法律、应用法律之必选图书。

本丛书具有以下特点:

1. 出版机构权威。成立于1954年的法律出版社,是全国首家法律专业出版机构,始终秉承"为人民传播法律"的宗旨,完整记录了中国法治建设发展的全过程,享有"社会科学类全国一级出版社"等荣誉称号,入选"全国百佳图书出版单位"。

2. 编写人员专业。本丛书皆由相关法律领域内的专业人士编写,确保图书内容始终紧跟法治进程,反映最新立法动态,体现条文本义内涵。

3. 法律文本标准。作为专业的法律出版机构,多年来,我社始终使用全国人民代表大会常务委员会公报刊登的法律文本,积淀了丰富的标准法律文本资源,并根据立法进度及时更新相关内容。

4.条文注解精准。本丛书以立法机关的解读为蓝本,给每个条文提炼出条文主旨,并对重点条文进行注释,使读者能精准掌握立法意图,轻松理解条文内容。

5.典型案例释疑。本书在相应条文下收录典型案例,提炼裁判理由,读者可扫描相应的"有章"二维码查看案例原文。

6.配套附录实用。书末"附录"部分收录的均为重要的相关法律、法规和司法解释,使读者在使用中更为便捷,使全书更为实用。

需要说明的是,本丛书中"适用提要""条文主旨""条文注释"等内容皆是编者为方便读者阅读、理解而编写,不同于国家正式通过、颁布的法律文本,不具有法律效力。本丛书不足之处,恳请读者批评指正。

我们用心打磨本丛书,以期待为法律相关专业的学生释法解疑,致力于为每个公民的合法权益撑起法律的保护伞。

法律出版社法规中心

2024年12月

目 录

《中华人民共和国企业破产法》适用提要 …………………… 1

中华人民共和国企业破产法

第一章 总则………………………………………………………… 5
 第一条 立法目的…………………………………………… 5
 第二条 清理债务与重整…………………………………… 6
 第三条 案件管辖…………………………………………… 7
 第四条 审理程序…………………………………………… 7
 第五条 涉外破产的效力…………………………………… 8
 第六条 权益保障与责任追究……………………………… 9
第二章 申请和受理……………………………………………… 9
 第一节 申请………………………………………………… 9
  第七条 申请破产清算的情形…………………………… 9
  第八条 破产申请书……………………………………… 10
  第九条 申请的撤回……………………………………… 11
 第二节 受理………………………………………………… 12
  第十条 受理期限………………………………………… 12
  第十一条 送达期限与送达后的材料提交……………… 13
  第十二条 不受理申请与驳回申请及其救济…………… 14
  第十三条 指定管理人…………………………………… 15
  第十四条 通知与公告…………………………………… 16
  第十五条 债务人义务…………………………………… 17
  第十六条 个别清偿无效………………………………… 18

第十七条　向管理人清偿债务或交付财产……………… 18
　　第十八条　对破产申请受理前未履行完毕的合同的
　　　　　　　处理……………………………………………… 19
　　第十九条　保全解除与执行中止………………………… 21
　　第二十条　诉讼或仲裁的中止与继续进行……………… 22
　　第二十一条　管辖恒定…………………………………… 23
第三章　管理人……………………………………………… 24
　　第二十二条　管理人的指定与更换……………………… 24
　　第二十三条　管理人义务………………………………… 25
　　第二十四条　管理人资格………………………………… 25
　　第二十五条　管理人职责………………………………… 26
　　第二十六条　管理人须经法院许可的行为……………… 27
　　第二十七条　管理人职业道德…………………………… 28
　　第二十八条　管理人聘用工作人员与管理人报酬……… 28
　　第二十九条　管理人辞职限制…………………………… 29
第四章　债务人财产………………………………………… 29
　　第三十条　债务人财产范围……………………………… 29
　　第三十一条　可撤销的债务人行为……………………… 30
　　第三十二条　个别清偿撤销权…………………………… 31
　　第三十三条　无效的债务人行为………………………… 31
　　第三十四条　可追回的债务人财产……………………… 32
　　第三十五条　出资的追缴………………………………… 33
　　第三十六条　非正常收入和被侵占财产的追回………… 33
　　第三十七条　清偿债务与替代担保……………………… 34
　　第三十八条　非债务人财产的取回……………………… 35
　　第三十九条　在途标的物的取回………………………… 35
　　第四十条　抵销条件及其限制…………………………… 36

第五章 破产费用和共益债务……………………… 37
  第四十一条 破产费用的范围…………………… 37
  第四十二条 共益债务的内容…………………… 38
  第四十三条 清偿顺序与破产程序终结………… 39
第六章 债权申报…………………………………… 40
  第四十四条 债权人……………………………… 40
  第四十五条 债权申报期限……………………… 41
  第四十六条 未到期与附利息债权……………… 42
  第四十七条 不确定债权………………………… 42
  第四十八条 不必申报的债权与职工权利……… 43
  第四十九条 债权说明…………………………… 43
  第五十条 连带债权的申报……………………… 44
  第五十一条 保证人或其他连带债务人的债权申报… 45
  第五十二条 连带债务人数人的债权申报……… 46
  第五十三条 解除合同后的债权申报…………… 47
  第五十四条 受托人的债权申报………………… 47
  第五十五条 票据付款人的债权申报…………… 47
  第五十六条 补充申报债权……………………… 48
  第五十七条 管理人审查权和利害关系人查阅权… 49
  第五十八条 债权表的核查及异议……………… 50
第七章 债权人会议………………………………… 51
  第一节 一般规定………………………………… 51
  第五十九条 债权人的表决权;职工和工会代表的
            发表意见权……………………… 51
  第六十条 债权人会议主席……………………… 52
  第六十一条 债权人会议职权…………………… 52
  第六十二条 债权人会议的召集与召开………… 53
  第六十三条 召开债权人会议的提前通知……… 54

第六十四条　债权人会议的决议……………………………… 54
　　第六十五条　由人民法院裁定的表决未通过事项………… 55
　　第六十六条　对裁定不服的复议…………………………… 55
　第二节　债权人委员会………………………………………… 56
　　第六十七条　债权人委员会的组成………………………… 56
　　第六十八条　债权人委员会职权…………………………… 56
　　第六十九条　管理人应当及时报告债权人委员会的
　　　　　　　　行为…………………………………………… 57
第八章　重整……………………………………………………… 58
　第一节　重整申请和重整期间………………………………… 58
　　第七十条　重整申请人……………………………………… 58
　　第七十一条　对重整申请的审查与公告…………………… 59
　　第七十二条　重整期间……………………………………… 59
　　第七十三条　债务人自行管理事务………………………… 60
　　第七十四条　聘任债务人的经管人员负责营业…………… 61
　　第七十五条　担保权的暂停行使及恢复…………………… 61
　　第七十六条　按约定取回债务人合法占有的财产………… 62
　　第七十七条　重整期间对相关人员的限制………………… 63
　　第七十八条　终止重整并宣告破产的情形………………… 63
　第二节　重整计划的制定和批准……………………………… 64
　　第七十九条　提交重整计划草案的期限与不提交的
　　　　　　　　后果…………………………………………… 64
　　第八十条　债务人可制作重整计划草案…………………… 64
　　第八十一条　重整计划草案的内容………………………… 65
　　第八十二条　债权人会议对重整计划草案的分组
　　　　　　　　表决…………………………………………… 65
　　第八十三条　重整计划中的禁止性规定…………………… 67
　　第八十四条　法院召开的债权人会议对重整计划

草案的表决…………………………………… 68
 第八十五条 债务人的出资人对重整计划草案的表决…… 68
 第八十六条 重整计划的通过和批准………………………… 69
 第八十七条 未通过重整计划草案的处理…………………… 70
 第八十八条 终止重整并宣告破产…………………………… 71
 第三节 重整计划的执行………………………………………… 72
 第八十九条 重整计划的执行人……………………………… 72
 第九十条 重整计划的监督人………………………………… 73
 第九十一条 监督报告的提交、监督期限的延长…………… 74
 第九十二条 经法院裁定批准的重整计划的效力…………… 75
 第九十三条 重整计划的终止执行…………………………… 76
 第九十四条 因重整计划减免的债务的清偿免除…………… 77

第九章 和解……………………………………………………………… 77
 第九十五条 申请和解的条件………………………………… 77
 第九十六条 裁定和解………………………………………… 78
 第九十七条 通过和解协议的条件…………………………… 78
 第九十八条 通过和解协议的后果…………………………… 79
 第九十九条 和解协议草案未获通过的后果………………… 80
 第一百条 经人民法院裁定认可的和解协议的效力………… 80
 第一百零一条 不受和解协议影响的人员……………………… 81
 第一百零二条 按照和解协议清偿债务………………………… 82
 第一百零三条 和解协议无效的情形及后果…………………… 82
 第一百零四条 终止和解协议执行的情形及后果……………… 83
 第一百零五条 因自行达成协议的破产终结…………………… 84
 第一百零六条 因和解协议减免的债务的清偿免除………… 84

第十章 破产清算…………………………………………………………… 85
 第一节 破产宣告………………………………………………… 85
  第一百零七条 破产宣告的后果………………………………… 85

第一百零八条 破产宣告前裁定终结程序的情形……… 86
  第一百零九条 担保权人的优先受偿权……………… 87
  第一百一十条 优先受偿权与普通债权…………… 87
 第二节 变价和分配……………………………… 88
  第一百一十一条 破产财产变价方案……………… 88
  第一百一十二条 变价出售破产财产……………… 89
  第一百一十三条 破产财产的清偿顺序…………… 90
  第一百一十四条 破产财产的分配方式…………… 91
  第一百一十五条 破产财产分配方案……………… 91
  第一百一十六条 对破产财产分配方案的执行…… 92
  第一百一十七条 对附条件债权分配额的提存…… 93
  第一百一十八条 对债权人未受领分配额的提存… 94
  第一百一十九条 对诉讼或仲裁未决债权分配额的
           提存…………………………… 95
 第三节 破产程序的终结………………………… 95
  第一百二十条 破产程序的终结情形……………… 95
  第一百二十一条 注销登记………………………… 96
  第一百二十二条 管理人执行职务的终止………… 97
  第一百二十三条 破产终结后的追加分配………… 97
  第一百二十四条 破产终结后的继续清偿责任…… 98
第十一章 法律责任…………………………………… 99
  第一百二十五条 董事、监事或者高级管理人员的
          责任追究……………………… 99
  第一百二十六条 债务人不列席债权人会议或不真实
          表述的法律责任……………… 100
  第一百二十七条 债务人不提交或提交不真实材料的
          法律责任……………………… 100
  第一百二十八条 债务人可撤销或无效行为的法律

     责任……………………………………… 101
第一百二十九条　债务人擅自离开住所地的法律
     责任……………………………………… 102
第一百三十条　管理人未忠实执行职务的法律责任…… 102
第一百三十一条　刑事责任……………………………… 103
第十二章　附则……………………………………………… 104
第一百三十二条　优先于担保权人受偿的费用………… 104
第一百三十三条　本法施行前国有企业破产的法律
     适用……………………………………… 104
第一百三十四条　金融机构破产的法律适用…………… 105
第一百三十五条　企业法人以外的组织的清算参照
     适用……………………………………… 105
第一百三十六条　施行日期……………………………… 105

附　录

最高人民法院关于适用《中华人民共和国企业破产法》
 若干问题的规定（一）（2011.9.9）……………………… 106
最高人民法院关于适用《中华人民共和国企业破产法》
 若干问题的规定（二）（2020.12.29 修正）……………… 108
最高人民法院关于适用《中华人民共和国企业破产法》
 若干问题的规定（三）（2020.12.29 修正）……………… 119
最高人民法院关于审理企业破产案件若干问题的规定
 （2002.7.30）………………………………………………… 123

《中华人民共和国企业破产法》适用提要

《企业破产法》[①]是中国新的经济宪法,对于市场经济主体而言,它是关乎"死"与再生的法律,解决的是市场退出与重整的问题。《企业破产法》于2006年8月27日第十届全国人大常委会第二十三次会议上审议通过,这是中国转型时期的标志性事件。《企业破产法》填补了市场经济规则体系中关于退出法与再生法的一大缺口,是一个历史性的进步。《企业破产法》在理念与制度方面有诸多的突破,其主要内容包括:

一、适用范围

新《企业破产法》第2条规定:"企业法人不能清偿到期债务,并且资产不足以清偿全部债务或者明显缺乏清偿能力的,依照本法规定清理债务。企业法人有前款规定情形,或者有明显丧失清偿能力可能的,可以依照本法规定进行重整。"这就将《企业破产法》的适用范围扩大到所有的企业法人,包括国有企业与法人型私营企业、三资企业,上市公司与非上市公司,有限责任公司与股份有限公司,甚至金融机构。

二、管理人制度

原《企业破产法》主要是由政府组成的清算组来承担各种破

[①] 为方便读者阅读,本书中的法律法规名称均使用简称。——编者注

产事宜。新《企业破产法》第 24 条第 1、2 款规定："管理人可以由有关部门、机构的人员组成的清算组或者依法设立的律师事务所、会计师事务所、破产清算事务所等社会中介机构担任。人民法院根据债务人的实际情况，可以在征询有关社会中介机构的意见后，指定该机构具备相关专业知识并取得执业资格的人员担任管理人。"这就将整个破产运作交由专业化人士来处理，使破产程序更符合我国市场经济的发展要求。

三、重视债权人自治

当债务人不能清偿到期债务时，债权人可以向人民法院提出对债务人进行重整或者破产清算的申请。在选任和监督管理人方面，新《企业破产法》第 22 条第 2 款规定："债权人会议认为管理人不能依法、公正执行职务或者有其他不能胜任职务情形的，可以申请人民法院予以更换。"

四、引入重整制度

重整是指不对无偿付能力债务人的财产立即进行清算，而是在法院的主持下由债务人与债权人达成协议，制订重整计划，规定在一定的期限内，债务人按一定的方式全部或部分地清偿债务，同时债务人可以继续经营其业务的制度。新《企业破产法》第 73 条第 1 款规定："在重整期间，经债务人申请，人民法院批准，债务人可以在管理人的监督下自行管理财产和营业事务。"由于重整制度具有对象的特定化、原因的宽松化、程序启动的多元化、重整措施的多样化、重整程序的优先化、担保物权的非优先化和参与主体的广泛化等特点，这就给了债务人企业一个自我拯救、重新开始的机会，平衡了债权人与债务人之间的利益关系。

五、规制破产不当行为

破产欺诈是各国破产法严厉打击的对象，在中国，破产案件中的欺诈逃债行为尤为严重。一些债务人利用破产程序策划各种欺诈逃债行为，侵害债权人利益，损害职工利益，破坏经济秩序。新

《企业破产法》第 31 条规定,人民法院受理破产申请前一年内,债务人具有无偿转让财产、以明显不合理的价格进行交易、对没有财产担保的债务提供财产担保、对未到期的债务提前清偿、放弃债权等行为的,管理人有权请求人民法院予以撤销。另外,新《企业破产法》第 33 条还规定,为逃避债务而隐匿、转移财产、虚构债务或者承认不真实的债务等涉及债务人财产的行为是无效的,这就在一定程度上对实践中出现的"虚假破产""恶意破产"等行为进行了规制,从而更好地保护了债权人利益,维护了市场经济秩序,也为整个社会商业信用体制的建立和完善提供了重要的制度保证。

六、强化破产责任

新《企业破产法》第 6 条明确规定:"依法追究破产企业经营管理人员的法律责任。"第 125 条也规定:"企业董事、监事或者高级管理人员违反忠实义务、勤勉义务,致使所在企业破产的,依法承担民事责任。有前款规定情形的人员,自破产程序终结之日起三年内不得担任任何企业的董事、监事、高级管理人员。"

七、担保债权优先职工债权

对于担保债权和职工债权的清偿顺序问题,新《企业破产法》采取了"新老划断"的办法,规定在新法公布以前出现的破产,职工债权优先于担保债权,破产人无担保财产不足清偿职工工资的,要从有担保的财产中清偿。在新《企业破产法》公布后,将优先清偿担保债权,职工工资和其他福利从未担保财产中清偿。这一独创性规定,与中国国情密切相连,主要是考虑以下三方面的因素:第一,破产与担保的关系,担保抵押资产并不纳入破产清偿顺位当中,而是独立于破产财产之外的资产;第二,市场经济转型过程中,法律制度安排必须具有处理中国特色问题的智慧,对于复杂的职工债权问题的处理,既要考虑中国的现实情况,又要把它纳入市场经济法律的整体框架来考虑,职工的社会保障问题在今后应更多地靠完善社会保障制度来解决;第三,出于对金融机构与债权人风险的考虑,如果担保债权不能依法实现的话,对金融机构等债权人将是一个巨大的打击,金融机构与债权人自身也有可能破产,那涉及的人群会更大。新《企业破产法》的规定既考虑了中国的历史遗留问题的解决,又考虑了与国际惯例的接轨。下一步要抓紧建立与此条文配套的破产保障基金,以保护职工合法权益。

八、规定金融机构破产程序

新《企业破产法》对金融机构破产作出特别规定:商业银行、保险公司、证券公司等金融机构出现资不抵债等破产情形的,国务院金融监督管理机构可以向人民法院提出对该金融机构进行重整或者破产清算的申请。对于银行、券商、保险公司的破产问题,实际上《商业银行法》等已经作了一些规定。新《企业破产法》明确规定,对不能支付到期债务的商业银行、券商、保险公司,其接管、托管或破产清算、重整事宜,要分别报请有关监管部门批准。

九、跨境破产问题

现在国际上正在进行破产法改革,特别是联合国贸易法委员会下面成立了破产法小组,推出全球破产示范法;国际破产协会和世界银行又共同推出了全球债权人应共同遵守的十八项准则。基于这种考虑,新《企业破产法》规定,"依照本法开始的破产程序,对债务人在中华人民共和国领域外的财产发生效力"。同时,对于外国法院的破产裁决,在互惠、有司法协助或国际公约的条件下,中国法院也裁定承认和执行。这样的规定,采取的是一种有限的、有弹性、有张力的跨境破产原则,为下一步与世界上各国破产法接轨作了铺垫。总之,新《企业破产法》是中国第一部市场经济的破产法,对我国社会主义市场经济法律体系的完善将会产生深远的影响。

中华人民共和国企业破产法

(2006年8月27日第十届全国人民代表大会常务委员会第二十三次会议通过 2006年8月27日中华人民共和国主席令第54号公布 自2007年6月1日起施行)

第一章 总 则

第一条 【立法目的】① 为规范企业破产程序,公平清理债权债务,保护债权人和债务人的合法权益,维护社会主义市场经济秩序,制定本法。

条文注释②

本条是《企业破产法》立法目的的规定。

破产是市场经济下经常发生的一种经济现象。破产制度就是解决市场主体消亡时债权债务的一种法律制度。本法旨通过规范企业破产程序、破产工作实现资源重新配置,用好企业破产中权益、经营管理、资产、技术等重大调整的有利契机,对不同企业分类处置,把科技、资本、劳动力和人力资源等生产要素调动好、配置好、协同好,促进实体经济和产业体系更加优质高效。完善市场主体救治和退出机制,充分运用重整、和解法律手段实现市场主体的有效救

---

①② 条文主旨、条文注释为编者所加,下同。

治,帮助企业提质增效;运用清算手段促使丧失经营价值的企业和产能及时退出市场,实现优胜劣汰,从而完善社会主义市场主体的救治和退出机制。

关联法规

《全国法院破产审判工作会议纪要》

第二条 【清理债务与重整】企业法人不能清偿到期债务,并且资产不足以清偿全部债务或者明显缺乏清偿能力的,依照本法规定清理债务。

企业法人有前款规定情形,或者有明显丧失清偿能力可能的,可以依照本法规定进行重整。

条文注释

本条是关于清理债务与重整的规定。

本条第1款规定了在什么情况下可以对企业进行清理债务,本条规定了可供选择的两个原因:一是企业不能清偿到期债务,并且资不抵债,不能清偿和资不抵债两个条件必须同时具备才构成企业破产原因;二是明显缺乏清偿能力,其实质就是企业不能清偿到期债务。

本条第2款规定了在什么情况下可以对企业进行重整。所谓重整,是指具有一定规模的企业出现破产原因,为防止企业破产,经企业债权人或债务人向法院申请,对该企业实施强制治理,以使有复苏希望的企业,通过重整程序避免破产清算的法律制度。

本法第135条规定:"其他法律规定企业法人以外的组织的清算,属于破产清算的,参照适用本法规定的程序。"《合伙企业法》第92条规定:"合伙企业不能清偿到期债务的,债权人可以依法向人民法院提出破产清算申请,也可以要求普通合伙人清偿。合伙企业依法被宣告破产的,普通合伙人对合伙企业债务仍应承担无限连带责任。"这些规定有效缓解了其他法人型企业和社会组织破产时无法可依的问题。

关联法规

《公司法》第242条
《合伙企业法》第92条
《最高人民法院关于审理企业破产案件若干问题的规定》第31条

第三条 【案件管辖】破产案件由债务人住所地人民法院管辖。

条文注释

本条是关于破产案件的管辖的规定。

所谓管辖,是指人民法院依照级别和地区对案件行使审判权的规定。住所地是指债务人的主要办事、经营机构所在地,住所地地址不明确的由其注册地人民法院管辖。级别管辖按照《最高人民法院关于审理企业破产案件若干问题的规定》,基层人民法院管辖县、县级市或者区工商局核准登记企业的破产案件;中级人民法院管辖地区、地级市(含本级)以上的工商局核准登记企业的、纳入国家计划调整企业的破产案件;特殊情况或复杂的管辖法院确定依据《民事诉讼法》第39条的规定确定。以债务人住所地的人民法院管辖为原则,对保证破产程序的顺利进行具有重要意义。

关联法规

《民事诉讼法》第39条
《最高人民法院关于审理企业破产案件若干问题的规定》第1-3条

第四条 【审理程序】破产案件审理程序,本法没有规定的,适用民事诉讼法的有关规定。

条文注释

本条是关于破产案件审理程序可以适用《民事诉讼法》的有关规定。

本法是解决债务人破产的专门的、特别的程序法。对于本法没有规定的程序问题,应当适用普通程序法,即《民事诉讼法》。除对法院裁定不予受理、不符合破产界限驳回申请的两种裁定可以上诉外,大部分民事裁定破产案件的当事人都不能上诉,并且《民事诉讼法》的审判监督程序也不适用于破产案件。

> **第五条 【涉外破产的效力】**依照本法开始的破产程序,对债务人在中华人民共和国领域外的财产发生效力。
>
> 对外国法院作出的发生法律效力的破产案件的判决、裁定,涉及债务人在中华人民共和国领域内的财产,申请或者请求人民法院承认和执行的,人民法院依照中华人民共和国缔结或者参加的国际条约,或者按照互惠原则进行审查,认为不违反中华人民共和国法律的基本原则,不损害国家主权、安全和社会公共利益,不损害中华人民共和国领域内债权人的合法权益的,裁定承认和执行。

条文注释

本条是关于涉外破产效力的规定。

本条第1款规定了依照本法开始的破产程序的效力及于债务人全世界范围内的财产。破产案件当事人的财产在国外,就会产生破产法的域外效力问题。对此问题有三种主张:普及破产主义、属地破产主义、折中主义。我国企业破产法基本采用普及破产主义,即涉外破产案件,在破产者的住所地或者所在国宣告的破产,应当包括破产者的所有财产,无论这些财产位于国内还是国外,因此破产效力及于债务人在中国境外的财产。但这仅仅是一个原则,境外财产不在中国法院的直接管辖之下,需要通过双边或多边的司法合作协议来解决法院破产宣告的送达、执行等问题。同时有条件地承认域外法院破产宣告的效力,这点与《民事诉讼法》规定的涉外民事诉讼程序的特别规定是一致的。

关联法规

《民事诉讼法》第4编

第六条 【权益保障与责任追究】人民法院审理破产案件,应当依法保障企业职工的合法权益,依法追究破产企业经营管理人员的法律责任。

条文注释

本条是关于破产企业职工合法权益保障以及破产企业经营管理人员责任的追究的规定。

劳动者在破产企业的合法权益主要有:(1)破产企业所欠劳动者的工资和应当划入职工账户的基本社会保险费用,以及法律、行政法规规定应当支付给劳动者的补偿金;(2)破产企业职工和工会代表有权参加债权人会议或者债权人委员会,对有关事项发表意见;(3)破产企业所欠职工工资等费用,在破产财产中未受清偿部分,可以在破产人特定的担保债权中优先受偿。

关联法规

《劳动法》第 27 条

《工会法》第 47 条

《最高人民法院关于审理企业破产案件若干问题的规定》第 57 条

第二章 申请和受理

第一节 申 请

第七条 【申请破产清算的情形】债务人有本法第二条规定的情形,可以向人民法院提出重整、和解或者破产清算申请。

债务人不能清偿到期债务,债权人可以向人民法院提出对债务人进行重整或者破产清算的申请。

> 企业法人已解散但未清算或者未清算完毕,资产不足以清偿债务的,依法负有清算责任的人应当向人民法院申请破产清算。

条文注释

本条是关于破产申请主体的规定。

破产程序的启动,通行职权主义与申请主义。一般来讲,在职权主义下,破产是基于法院的职权而被启动,而申请主义则由法律规定,只能由当事人向法院提出破产申请来启动。我国采取申请破产主义,只有债权人与债务人可以启动破产程序,债权人与债务人不申请的,人民法院没有启动的职权。本条第1款赋予了债务人破产申请的权利,其申请权利可以启动重整、和解或者破产清算三种程序。第2款是法律赋予债权人的破产申请权利,其申请权利只能启动重整与破产清算程序,其申请理由必须符合"债务人不能清偿到期债务"。第3款与《公司法》的相关规定吻合。《公司法》规定,公司无论是自愿解散还是非自愿解散,必须成立清算组对公司的债权债务进行清理。由于解散动因并非破产,因此在清算时发现公司财产不足以清偿债务的,清算组应当立即向人民法院申请宣告破产,此时的清算从一般内部出资人(或股东)权益清算立即转为破产清算。清算组向人民法院申请是清算组织或清算人的法定义务,其需要承担法律责任。

关联法规

《公司法》第237条

《最高人民法院关于适用〈中华人民共和国公司法〉若干问题的规定(二)》第17条

> **第八条　【破产申请书】**向人民法院提出破产申请,应当提交破产申请书和有关证据。
>
> 破产申请书应当载明下列事项:

(一)申请人、被申请人的基本情况;
(二)申请目的;
(三)申请的事实和理由;
(四)人民法院认为应当载明的其他事项。

债务人提出申请的,还应当向人民法院提交财产状况说明、债务清册、债权清册、有关财务会计报告、职工安置预案以及职工工资的支付和社会保险费用的缴纳情况。

条文注释

本条是关于破产申请形式要件的规定。

我国现行法律规定破产申请不能以口头形式提出,应当提交破产申请书和有关证据,即破产申请形式要件。本条第1款是对破产申请的书面申请原则的规定。除申请书外,债务人要提交初步证明资不抵债的证据。债权人则要提交证明债权关系存在的收据、有效法律文书、债务人不能偿还到期债务、债权担保凭证等证据。

本条第2款是对申请书应当载明事项的规定。所谓申请目的是指提出申请是希望启动重整、和解或破产清算三种程序中的哪一种。

本条第3款主要是对债务人提出破产申请应当提交有关文件的规定,主要目的是审查判定破产界限与锁定债务人资产状态,防止债务人恶意逃避债务,以便有效保障职工利益和安置企业职工。

关联法规

《最高人民法院关于审理企业破产案件若干问题的规定》第5—7条

《最高人民法院关于适用〈中华人民共和国企业破产法〉若干问题的规定(一)》第6、7条

第九条 【申请的撤回】人民法院受理破产申请前,申请人可以请求撤回申请。

【条文注释】

本条是关于破产申请撤回的规定。

无论是债权人还是债务人申请破产,都享有申请破产撤回权,人民法院应当准许。但只有在人民法院未作出受理破产申请裁定的情形下,才能申请撤回。根据本法第10条的规定,最短申请撤回期限为15日(适用于非债权人提出破产申请的情形)或22日(适用于债权人提出破产申请的情形)。最长申请撤回期限为30日(适用于债务人或清算人提出撤回申请的情形,清算人提出破产申请的,除非清算审计有误,否则不存在撤回破产申请的理由)或37日(适用于债权人申请破产的情形)。申请人申请撤回破产申请的,应当说明事实与理由,以供法院审查和作出准许与否的决定。

【关联法规】

《最高人民法院关于审理企业破产案件若干问题的规定》第10、11条

第二节 受 理

第十条 【受理期限】债权人提出破产申请的,人民法院应当自收到申请之日起五日内通知债务人。债务人对申请有异议的,应当自收到人民法院的通知之日起七日内向人民法院提出。人民法院应当自异议期满之日起十日内裁定是否受理。

除前款规定的情形外,人民法院应当自收到破产申请之日起十五日内裁定是否受理。

有特殊情况需要延长前两款规定的裁定受理期限的,经上一级人民法院批准,可以延长十五日。

【条文注释】

本条是关于法院受理破产申请期限的规定。

本条第1款是对法院针对债权人提出破产申请的受理审查期

限。程序期限为:(1)自收到申请之日起5日内通知债务人;(2)债务人有异议的,自收到人民法院的通知之日起7日内提出;(3)法院自异议期满之日起10日内裁定是否受理。期间长度为:5日+7日+10日=22日。

本条第2款是对债务人或清算人提出破产申请的受理审查期限,即在15日内裁定是否受理。第3款是受理破产申请期限的特殊规定,第1、2款为一般规定。对于前两款有特殊情况需要延长的,经上一级人民法院批准,可延长15日,即最长期限为37日。法院的审查事项包括对形式要件的审查事项与对实质要件的审查事项。对形式要件的审查事项有:(1)是否享有管辖权,即对债务人住所地进行查明查实;(2)申请人是否具有申请主体资格;(3)申请人是否提交了符合法律规定的破产申请材料,法院可以告知申请人限期予以补充与更正。对实质要件的审查事项有:(1)破产企业(被申请破产的债务人)是否具有破产能力资格;(2)被申请破产的债务人是否具备破产的原因。

关联法规

《最高人民法院关于适用〈中华人民共和国企业破产法〉若干问题的规定(一)》第7条

《最高人民法院关于审理企业破产案件若干问题的规定》第8、9、12条

《最高人民法院关于破产案件立案受理有关问题的通知》

第十一条 【送达期限与送达后的材料提交】人民法院受理破产申请的,应当自裁定作出之日起五日内送达申请人。

债权人提出申请的,人民法院应当自裁定作出之日起五日内送达债务人。债务人应当自裁定送达之日起十五日内,向人民法院提交财产状况说明、债务清册、债权清册、有关财务会计报告以及职工工资的支付和社会保险费用的缴纳情况。

【条文注释】

本条是关于送达期限与送达后的材料提交的规定。

人民法院无论是裁定受理还是裁定不予受理破产申请,都应当依法送达裁定。本条第1款规定法院受理破产申请的,必须自裁定作出之日起5日内送达申请人。依据《民事诉讼法》的规定,裁定受理的当日不计算在5日的期间内。送达的方式,《民事诉讼法》有专门规定的,法院应当依照规定送达。第2款是对法院将受理破产申请的裁定送达债务人以及债务人应当向法院提交有关文件的规定。应当注意:一是法院裁定受理债权人提出的破产申请的,必须将受理裁定自裁定作出之日起5日内送达债务人;二是债务人收到受理裁定后,必须在收到裁定之日起15日内向法院提交有关文件,15日的期间不包括签收裁定的当日。债务人在送达回执上签收的日期为签收裁定的日期,拒绝签收的,法院可采用留置送达方式送达。法院裁定受理破产申请后,除要求债务人提供相关情况外,还要在25日内通知已知的债权人,并发布公告。

【关联法规】

《民事诉讼法》第85条

《最高人民法院关于审理企业破产案件若干问题的规定》第16条

第十二条 【不受理申请与驳回申请及其救济】人民法院裁定不受理破产申请的,应当自裁定作出之日起五日内送达申请人并说明理由。申请人对裁定不服的,可以自裁定送达之日起十日内向上一级人民法院提起上诉。

人民法院受理破产申请后至破产宣告前,经审查发现债务人不符合本法第二条规定情形的,可以裁定驳回申请。申请人对裁定不服的,可以自裁定送达之日起十日内向上一级人民法院提起上诉。

第二章 申请和受理

条文注释

本条是关于不予受理破产申请和驳回破产申请及其救济的规定。

本条第1款是对不予受理破产申请的规定。应当注意：(1)不予受理决定应当使用"裁定"的方式作出；(2)人民法院应自裁定作出之日起5日内送达并说明理由，作出裁定的当日不计在5日的期间内；(3)申请人对裁定不服的，有权上诉；(4)上诉期间为自裁定送达之日起10日内提出。签收裁定之日即为裁定送达之日，签收裁定的当日不计算在10日的期间内。

本条第2款是对驳回破产申请的规定。所谓驳回破产申请，是指人民法院在裁定受理破产申请后，经审查发现债务人不符合法律关于破产的规定，裁定驳回申请人的破产申请。驳回破产申请的期间为受理破产申请后到破产宣告前。申请人对裁定不服的，可以自裁定送达之日起10日内提出上诉。应当明确：(1)不符合《企业破产法》第2条规定情形的，人民法院必须裁定驳回；(2)上诉必须在法定期间内提出。

关联法规

《全国法院民商事审判工作会议纪要》第108、117条

《最高人民法院关于审理企业破产案件若干问题的规定》第13、14条

第十三条 【指定管理人】人民法院裁定受理破产申请的，应当同时指定管理人。

条文注释

本条是关于指定管理人的规定。

管理人制度是在破产程序中，由具有专业资格的人员参与破产程序并在破产程序中发挥主导作用的法律制度。无论是重整、和解还是清算，破产程序开始后会产生大量的事务且需要特殊处理，完成这种事务的专门机构就是"管理人"。管理人成立的时间，是管理人制度中的一个重要问题。依本条"法院在裁定受理破产申请的，

应当同时指定管理人"的规定来看,我国实行的是破产程序受理开始主义。本法在第3章对管理人的组成、资格、职责以及管理人的监督等作了专门规定。

关联法规

《企业破产法》第 3 章

《最高人民法院关于审理企业破产案件指定管理人的规定》

第十四条　【通知与公告】人民法院应当自裁定受理破产申请之日起二十五日内通知已知债权人,并予以公告。

通知和公告应当载明下列事项:

(一)申请人、被申请人的名称或者姓名;

(二)人民法院受理破产申请的时间;

(三)申报债权的期限、地点和注意事项;

(四)管理人的名称或者姓名及其处理事务的地址;

(五)债务人的债务人或者财产持有人应当向管理人清偿债务或者交付财产的要求;

(六)第一次债权人会议召开的时间和地点;

(七)人民法院认为应当通知和公告的其他事项。

条文注释

本条是关于通知和公告受理破产申请裁定的规定。

法院一旦裁定受理破产申请,即标志着破产程序正式启动。将受理破产的受理裁定通知债务人的利害关系人特别是债权人,是法院审理破产案件的重要程序之一。本条第 1 款是通知已知债权人与公告的规定。(1)人民法院应当依据债务人提交的债权清册,将受理裁定通知每个已知债权人;(2)对于无法通知的债权人以及可能存在的其他未知债权人,人民法院应当发布公告,公告发布的载体应当是国家、地方有影响的报纸;(3)通知与公告的期限,为自裁定作出之日起 25 日内,裁定作出之日不计算在 25 日的期间内。

本条第 2 款是对通知和公告内容的规定。无论是直接通知已知的债权人还是发布公告通知其他利害关系人,都是为了使受通知者在一定程度上了解有关情况,特别是为了方便债权人申报债权、出席债权人会议,人民法院的通知和公告有必要就某些必要事项作出说明。

关联法规

《最高人民法院关于企业破产案件信息公开的规定(试行)》第1-9条

《最高人民法院关于审理企业破产案件若干问题的规定》第15、17条

第十五条 【债务人义务】自人民法院受理破产申请的裁定送达债务人之日起至破产程序终结之日,债务人的有关人员承担下列义务:

(一)妥善保管其占有和管理的财产、印章和账簿、文书等资料;

(二)根据人民法院、管理人的要求进行工作,并如实回答询问;

(三)列席债权人会议并如实回答债权人的询问;

(四)未经人民法院许可,不得离开住所地;

(五)不得新任其他企业的董事、监事、高级管理人员。

前款所称有关人员,是指企业的法定代表人;经人民法院决定,可以包括企业的财务管理人员和其他经营管理人员。

条文注释

本条是关于债务人的有关人员配合协助义务的规定。

本条第1款是从实际出发,对有关人员提出协助责任义务的强制性规定,以保障法院查明事实,有效推进破产案件的程序与处理。本条第2款规定了"有关人员"的范围,主要是指企业的法定代表人,包括法院认为应当承担本条第1款所规定义务的破产企业的财务管理人员和其他经营管理人员。

关联法规

《最高人民法院关于审理企业破产案件若干问题的规定》第37条

第十六条 【个别清偿无效】人民法院受理破产申请后,债务人对个别债权人的债务清偿无效。

条文注释

本条是关于债务人对个别债权人实施的债务清偿无效的规定。

法院在受理破产申请后,在管理人接管企业之前,债务人应当维持企业的正常活动,继续进行生产经营,债务人的日常开支和其他必要开支由管理人审查批准。人民法院受理破产申请后,应立即通知债务人停止向债权人清偿债务。

关联法规

《最高人民法院关于审理企业破产案件若干问题的规定》第15条

第十七条 【向管理人清偿债务或交付财产】人民法院受理破产申请后,债务人的债务人或者财产持有人应当向管理人清偿债务或者交付财产。

债务人的债务人或者财产持有人故意违反前款规定向债务人清偿债务或者交付财产,使债权人受到损失的,不免除其清偿债务或者交付财产的义务。

条文注释

本条是关于债务人的债务人或者财产持有人清偿债务、交付财产义务的规定。

按照本法的规定,人民法院裁定受理破产申请的,应当同时指定管理人,管理人的职责包括:接管债务人的财产、印章和账簿、文书等资料;调查债务人财产状况,制作财产状况报告;决定债务人的内部管理事务;决定债务人的日常开支和其他必要开支;在第一次债权人会议召开之前,决定债务人是否继续营业;管理和处分债务人的财产;代表债务人参加诉讼、仲裁或者其他法律程序;提议召开债权人会议等。在上述多项职责中,接管债务人的财产,以及管理和处分债务人的财产,是管理人的重要职责,债务人自进入破产程序后,由管理人代表债务人对外接受债务清偿和财产交付。债务人的债务人必须向管理人清偿债务,或者财产持有人必须向管理人交付财产。

关联法规

《最高人民法院关于适用〈中华人民共和国企业破产法〉若干问题的规定(二)》第19条

《最高人民法院关于审理企业破产案件若干问题的规定》第73、74条

第十八条 【对破产申请受理前未履行完毕的合同的处理】人民法院受理破产申请后,管理人对破产申请受理前成立而债务人和对方当事人均未履行完毕的合同有权决定解除或者继续履行,并通知对方当事人。管理人自破产申请受理之日起二个月内未通知对方当事人,或者自收到对方当事人催告之日起三十日内未答复的,视为解除合同。

管理人决定继续履行合同的,对方当事人应当履行;但是,对方当事人有权要求管理人提供担保。管理人不提供担保的,视为解除合同。

条文注释

本条是关于破产申请受理后有关合同履行的规定。

对于破产申请受理前成立的并且债务人和对方当事人都还没有履行完毕的合同,管理人有权决定是否解除或者继续履行。本条第1款还规定了管理人需作出决定的时间,要求自破产申请受理之日起2个月内通知对方当事人,或者自收到对方当事人催告之日起30日内答复,否则视为解除合同。

本条第 2 款规定了管理人决定继续履行合同的,对方当事人应当履行合同义务。但是,对方当事人有权要求管理人提供担保。这是因为在企业进入破产程序后,对方当事人可能会担心企业无法履行合同义务而遭受损失。如果管理人不提供担保,视为解除合同。

关联法规

《信托法》第 52 条

《最高人民法院关于适用〈中华人民共和国企业破产法〉若干问题的规定(二)》第 34-38 条

典型案例

通州建总集团有限公司诉安徽天宇化工有限公司别除权纠纷案

要旨: 符合《企业破产法》第 18 条规定的情形,建设工程施工合同视为解除的,承包人行使优先受偿权的期限应自合同解除之日起计算。根据《企业破产法》第 18 条"人民法院受理破产申请后,管理人对破产申请受理前成立而债务人和对方当事人均未履行完毕的合同有权决定解除或继续履行,并通知对方当事人。管理人自破产申请受理之日起 2 个月未通知对方当事人,或者自收到对方当事人催告之日起 30 日内未答复的,视为解除合同"之规定,涉案建设工程施工合同在法院受理破产申请后已实际解除,本案建设工程无法正常竣工。按照最高人民法院全国民事审判工作会议纪要精神,因发包人的原因,合同解除或终止履行时已经超出合同约定的竣工日期的,承包人行使优先受偿权的期限自合同解除之日起计算,安徽天宇公司要求按合同约定的竣工日期起算优先受偿权行使时间的主张,缺乏依据,不予采信。2011 年 8 月 26 日,法院裁定受理对安徽天宇公司的破产申请,2011 年 10 月 10 日通州建总公司向安徽天宇公司的破产管理人申报债权并主张工程款优先受偿权,因此,通州建总公司主张优先受偿权的时间是2011年10月10日。安徽天宇公司认为通州建总公司行使优先受偿权的时间超过了破产管理之日6个月,与事实不符,不予支持。

第十九条 【保全解除与执行中止】人民法院受理破产申请后,有关债务人财产的保全措施应当解除,执行程序应当中止。

条文注释

本条是关于破产申请受理后保全措施应当解除和执行程序应当中止的规定。

所谓保全措施,又称财产保全,是指人民法院在利害关系人起诉前或者当事人起诉后,为保障将来的生效判决能够得到执行或者避免财产遭受损失,对当事人的财产或者有争议的标的物,采取限制当事人处分的强制措施。所谓执行程序,是指民事判决、裁定、仲裁裁决、调解书以及其他应当由人民法院执行的法律文书,发生法律效力以后,一方拒绝履行,对方当事人向人民法院提出申请,由人民法院依法予以强制执行的程序。所谓解除,是指人民法院在依法实施保全措施时,因为出现某种法律规定的情形,裁定终止保全措施。所谓中止,是指人民法院在依法实施强制执行措施时,因为出现某种法律规定的情形,裁定停止该项法定行为的实施,待该种法定情形消除后,继续进行没有实施完毕的法定行为。要切实落实破产案件受理后相关保全措施应予解除、相关执行措施应当中止、债务人财产应当及时交付管理人等规定,充分运用信息化技术手段,通过信息共享与整合,维护债务人财产的完整性。

关联法规

《最高人民法院关于审理企业破产案件若干问题的规定》第20条第1款、第68条

《全国法院民商事审判工作会议纪要》第109条

《全国法院破产审判工作会议纪要》第42条

第二十条 【诉讼或仲裁的中止与继续进行】人民法院受理破产申请后,已经开始而尚未终结的有关债务人的民事诉讼或者仲裁应当中止;在管理人接管债务人的财产后,该诉讼或者仲裁继续进行。

条文注释

本条是关于受理破产申请后有关债务人的诉讼或仲裁的中止与继续进行的规定。

人民法院受理破产申请后,由于债务人的权利被限制,有关债务人的民事诉讼和仲裁程序应当中止,已经开始而尚未终结的有关债务人的民事诉讼,在管理人接管债务人财产和诉讼事务后继续进行。债权人已经对债务人提起的给付之诉,破产申请受理后,人民法院应当继续审理,但是在判定相关当事人实体权利义务时,应当注意与《企业破产法》及其司法解释的规定相协调。

上述裁判作出并生效前,债权人可以同时向管理人申报债权,但其作为债权尚未确定的债权人,原则上不得行使表决权,除非人民法院临时确定其债权额。上述裁判生效后,债权人应当根据裁判认定的债权数额在破产程序中依法统一受偿,其对债务人享有的债权利息应当按照本法第46条第2款的规定停止计算。

人民法院受理破产申请后,债权人新提起的要求债务人清偿的民事诉讼,人民法院不予受理,同时告知债权人应当向管理人申报债权。债权人申报债权后,对管理人编制的债权表记载有异议的,可以根据本法第58条的规定提起债权确认之诉。

关联法规

《全国法院民商事审判工作会议纪要》第110条

《最高人民法院关于适用〈中华人民共和国企业破产法〉若干问题的规定(二)》第21条

《最高人民法院关于审理企业破产案件若干问题的规定》第20条第2款

第二十一条 【管辖恒定】人民法院受理破产申请后,有关债务人的民事诉讼,只能向受理破产申请的人民法院提起。

条文注释

本条是关于破产申请受理后有关债务人诉讼管辖的规定。

民事案件的管辖,是指确定各级人民法院之间和同级人民法院之间受理第一审民事案件的分工和权限。人民法院受理企业破产案件后,以债务人为原告的其他民事纠纷案件尚在一审程序的,受诉人民法院应当将案件移送受理破产案件的人民法院;案件已进行到二审程序的,受诉人民法院应当继续审理。以债务人为被告的其他债务纠纷案件,根据下列不同情况分别处理:(1)已经审结但未执行完毕的,应当中止执行,由债权人凭生效的法律文书向受理破产案件的人民法院申报债权。(2)尚未审结且无其他被告和无独立请求权的第三人的,应当中止诉讼,由债权人向受理破产案件的人民法院申报债权,在企业被宣告破产后,终结诉讼。(3)尚未审结并有其他被告或者无独立请求权的第三人的,应当中止诉讼,由债权人向受理破产案件的人民法院申报债权。待破产程序终结后,恢复审理。(4)债务人系从债务人的债务纠纷案件继续审理。

关联法规

《最高人民法院关于审理企业破产案件若干问题的规定》第19、20条

《最高人民法院关于适用〈中华人民共和国企业破产法〉若干问题的规定(二)》第23条第1款

《最高人民法院关于适用〈中华人民共和国企业破产法〉若干问题的规定(三)》第8条

第三章 管 理 人

第二十二条 【管理人的指定与更换】管理人由人民法院指定。

债权人会议认为管理人不能依法、公正执行职务或者有其他不能胜任职务情形的,可以申请人民法院予以更换。

指定管理人和确定管理人报酬的办法,由最高人民法院规定。

条文注释

本条是关于管理人的指定与更换的规定。

所谓管理人,是在进入破产程序以后,根据法院的指定而负责破产财产的管理、处分、业务经营以及破产方案的拟定和执行的人。其主要职责是:接管债务人的财产、印章和账簿、文书等资料;调查债务人财产状况,制作财产状况报告;决定债务人的内部管理事务;决定债务人的日常开支和其他必要开支;在第一次债权人会议召开之前,决定继续或者停止债务人的营业;管理和处分债务人的财产;代表债务人参加诉讼、仲裁或者其他法律程序;提议召开债权人会议;管理人应当履行的其他职责。

债权人会议根据本条第2款的规定申请更换管理人的,应由债权人会议作出决议并向人民法院提出书面申请。人民法院在收到债权人会议的申请后,应当通知管理人在2日内作出书面说明。社会中介机构管理人有下列情形之一的,人民法院可以根据债权人会议的申请或者依职权径行决定更换管理人:(1)执业许可证或者营业执照被吊销或者注销;(2)出现解散、破产事由或者丧失承担执业责任风险的能力;(3)与本案有利害关系;(4)履行职务时,因故意或者重大过失导致债权人利益受到损害;(5)社会中介机构或者个人有重大债务纠纷或者因涉嫌违法行为正被相关部门调查的。

关联法规

《全国法院民商事审判工作会议纪要》第113、114条
《最高人民法院关于审理企业破产案件指定管理人的规定》
《最高人民法院关于审理企业破产案件确定管理人报酬的规定》

第二十三条 【管理人义务】管理人依照本法规定执行职务,向人民法院报告工作,并接受债权人会议和债权人委员会的监督。

管理人应当列席债权人会议,向债权人会议报告职务执行情况,并回答询问。

关联法规

《最高人民法院关于审理企业破产案件若干问题的规定》第51条

第二十四条 【管理人资格】管理人可以由有关部门、机构的人员组成的清算组或者依法设立的律师事务所、会计师事务所、破产清算事务所等社会中介机构担任。

人民法院根据债务人的实际情况,可以在征询有关社会中介机构的意见后,指定该机构具备相关专业知识并取得执业资格的人员担任管理人。

有下列情形之一的,不得担任管理人:
(一)因故意犯罪受过刑事处罚;
(二)曾被吊销相关专业执业证书;
(三)与本案有利害关系;
(四)人民法院认为不宜担任管理人的其他情形。

个人担任管理人的,应当参加执业责任保险。

条文注释

本条是关于管理人资格的规定。

人民法院受理公司清算案件,应当及时指定有关人员组成清算组。清算组成员可以从下列人员或者机构中产生:(1)公司股东、董事、监事、高级管理人员;(2)依法设立的律师事务所、会计师事务所、破产清算事务所等社会中介机构;(3)依法设立的律师事务所、会计师事务所、破产清算事务所等社会中介机构中具备相关专业知识并取得执业资格的人员。

关联法规

《最高人民法院关于适用〈中华人民共和国公司法〉若干问题的规定(二)》第8条

《最高人民法院关于审理企业破产案件若干问题的规定》第48条

第二十五条 【管理人职责】管理人履行下列职责:

(一)接管债务人的财产、印章和账簿、文书等资料;

(二)调查债务人财产状况,制作财产状况报告;

(三)决定债务人的内部管理事务;

(四)决定债务人的日常开支和其他必要开支;

(五)在第一次债权人会议召开之前,决定继续或者停止债务人的营业;

(六)管理和处分债务人的财产;

(七)代表债务人参加诉讼、仲裁或者其他法律程序;

(八)提议召开债权人会议;

(九)人民法院认为管理人应当履行的其他职责。

本法对管理人的职责另有规定的,适用其规定。

条文注释

本条是关于管理人职责的规定。

管理人的职责主要有:(1)全面接管债务人即破产企业,具体包括:接管债务人的财产、印章和账簿、文书等资料;决定债务人的内部管理事务;决定债务人的日常开支和其他必要开支;在第一次债权人会议召开之前,决定继续或者停止债务人的营业。(2)保管和清理与破产企业有关的财产,包括:调查债务人财产状况,制作财产状况报告;管理债务人的财产。(3)对外代表债务人,包括:处分债务人的财产;代表债务人参加诉讼、仲裁或者其他法律程序。(4)提议召开债权人会议。(5)其他职责,即人民法院认为的管理人应当履行的其他职责。

关联法规

《最高人民法院关于审理企业破产案件若干问题的规定》第34、50、53、54条

第二十六条 【管理人须经法院许可的行为】在第一次债权人会议召开之前,管理人决定继续或者停止债务人的营业或者有本法第六十九条规定行为之一的,应当经人民法院许可。

条文注释

本条是关于第一次债权人会议前,管理人须经法院许可后方可实施的行为的规定。

根据本法第69条的规定,管理人经法院许可后才能实施的行为主要包括:(1)决定继续或者停止债务人的营业;(2)涉及土地、房屋等不动产权益的转让;(3)探矿权、采矿权、知识产权等财产权的转让;(4)全部库存或者营业的转让;(5)借款;(6)设定财产担保;(7)债权和有价证券的转让;(8)履行债务人和对方当事人均未履行完毕的合同;(9)代表债务人参加诉讼、仲裁或者其他法律程序;(10)放弃权利;(11)担保物的取回;(12)对债权人利益有重大影响的其他财产处分行为。

关联法规

《企业破产法》第69条

《最高人民法院关于审理企业破产案件若干问题的规定》第33条

第二十七条 【管理人职业道德】管理人应当勤勉尽责,忠实执行职务。

条文注释

本条是关于管理人职业道德的规定。

管理人在接受人民法院的指定后,应当勤勉尽责、恪尽职守,尽心尽力开展破产财产的管理和破产清算事务,认真、细致、扎实地做好每项工作,依法须经人民法院许可的事项,必须事先得到许可;依法须经债权人会议或者债权人委员会作出决议的事项,必须取得决议;自觉接受监督,认真履行报告义务等,忠实地执行职务。管理人未能勤勉尽责、忠实执行职务,法院可依法处以罚款;给债权人、债务人或者第三人造成损失的,依法承担赔偿责任。构成犯罪的,依法追究刑事责任。

第二十八条 【管理人聘用工作人员与管理人报酬】管理人经人民法院许可,可以聘用必要的工作人员。

管理人的报酬由人民法院确定。债权人会议对管理人的报酬有异议的,有权向人民法院提出。

条文注释

本条是关于管理人聘用工作人员与管理人报酬的规定。

本条第1款有两层含义:(1)聘用工作人员必须事先取得法院的许可,不得擅自聘用。(2)必须以"必要"为限度:一是以工作上的必要为限度,即属于工作上确实需要;二是在聘用人员的人数上以满足工作需要为限度。

依据本法第22条的规定,最高人民法院应当制定确定管理人报酬的办法,结合破产案件的工作量大小、难易程度、破产财产规模等因素,具体确定报酬数额或者计算报酬的标准。管理人报酬属于破产费用之范围,由债务人随时清偿,这样一来,管理人报酬直接影响到债权人的利益。因此,法律规定,债权人会议有权对其提出异议,由法院决定是否需要对管理人的报酬进行调整。

关联法规

《全国法院破产审判工作会议纪要》第11条

《最高人民法院关于审理企业破产案件确定管理人报酬的规定》

第二十九条 【管理人辞职限制】管理人没有正当理由不得辞去职务。管理人辞去职务应当经人民法院许可。

条文注释

本条是关于管理人无正当理由不得辞任的规定。

破产程序涉及众多环节和事务,如接管债务人的财产、调查财产状况、管理和处分财产、代表债务人参加诉讼等,需要管理人全程参与和持续推进,更换管理人会延误破产程序的进行,增加破产费用,导致债权人利益受损。因此法律规定管理人不得任意辞去职务。只有出现了不利于管理人依法、公正执行职务或者其他不能胜任职务的情形,即具有正当理由的,法院才可能允许管理人辞去职务。

第四章 债务人财产

第三十条 【债务人财产范围】破产申请受理时属于债务人的全部财产,以及破产申请受理后至破产程序终结前债务人取得的财产,为债务人财产。

条文注释

本条是关于债务人财产范围的规定。

债务人财产不等同于破产财产。债务人财产是债务人的所有财产,破产财产在一般情形下,是债务人宣告破产以后用于破产清算的财产。债务人财产范围以法院受理破产申请为标准,划分为两大部分:(1)破产申请受理时属于债务人的全部财产,包括动产、不动产、财产权利等;(2)破产申请受理后至破产程序终结前债务人取得的财产。受理破产后,债务人的财产由管理人接管,管理人决定继续营业、接受第三人的交付和给付,债务人财产仍可以处于变化之中,在增加的情形下,新增财产仍属债务人的财产。

关联法规

《最高人民法院关于适用〈中华人民共和国公司法〉若干问题的规定(二)》第1-5条

《最高人民法院关于审理企业破产案件若干问题的规定》64、65、67-71条

> **第三十一条 【可撤销的债务人行为】** 人民法院受理破产申请前一年内,涉及债务人财产的下列行为,管理人有权请求人民法院予以撤销:
> (一)无偿转让财产的;
> (二)以明显不合理的价格进行交易的;
> (三)对没有财产担保的债务提供财产担保的;
> (四)对未到期的债务提前清偿的;
> (五)放弃债权的。

条文注释

本条是关于债务人可撤销行为的规定。

所谓撤销权,是指债权人于债务人实施减少其财产的法律行为危及债权时,可以请求法院予以撤销的权利。设立撤销权制度的目的,在于恢复债务人的责任财产,维持债务人的财产状况,确保债权人债权的实现。无偿转让财产,是指债务人在没有取得对价的情况下,将属于自己的财产转让给第三人。以明显不合理的价格进行交易,是指债务人以明显低于市场同类价格的条件,或者明显高于市场同类价格的条件,与他人进行交易。对没有财产担保的债务提供财产担保,是指债务人于人民法院受理破产申请前1年内,对于本来没有设定财产担保的主债务,设定财产担保。对未到期的债务提前清偿,又称为提前清债,是指债务人于人民法院受理破产申请前1年

内,对于本来没有到期的债务,提前予以清偿。放弃债权,是指债务人于人民法院受理破产申请前1年内,对于依法或者依约享有的债权,予以放弃。管理人行使撤销权,请求人民法院撤销的行为,经人民法院依法撤销的,该行为即归于消灭,并自始无效。

关联法规

《最高人民法院关于适用〈中华人民共和国企业破产法〉若干问题的规定(二)》第9—13条

第三十二条 【个别清偿撤销权】人民法院受理破产申请前六个月内,债务人有本法第二条第一款规定的情形,仍对个别债权人进行清偿的,管理人有权请求人民法院予以撤销。但是,个别清偿使债务人财产受益的除外。

条文注释

本条是关于个别清偿撤销权的规定。

个别清偿,是指债务人在对多个债权人承担债务的情况下,只对个别债权人进行清偿的行为。撤销个别清偿的条件是:(1)债务人已不能清偿到期债务,且资产已经不足以清偿全部债务或者明显缺乏清偿债务能力的。(2)债务人只对个别债权人进行清偿。(3)个别清偿必须发生在人民法院受理破产申请前6个月内。如果超过了6个月,则不能请求撤销个别清偿行为。其6个月期间的计算以人民法院受理破产申请的时间为准。(4)由管理人行使撤销权。(5)个别清偿不具有使债务人财产受益的情形,但在某些情形下,也可能造成使债务人财产受益结果的清偿,就不应当撤销。个别清偿被撤销,已领受债务人财产的应返还不当得利,并应依管理人的请求交付其所得利益,原物不存在的应折价赔偿。个别债权人的债权与其他债权人一起列入破产债权。

第三十三条 【无效的债务人行为】涉及债务人财产的下列行为无效:

（一）为逃避债务而隐匿、转移财产的；
（二）虚构债务或者承认不真实的债务的。

▶ 条文注释

本条是关于涉及债务人财产的无效行为的规定。

隐匿、转移财产，是指企业在面临破产程序时，相关责任人通过各种手段故意隐瞒、藏匿或非法转移企业财产的行为，其目的多为逃避债务、损害债权人利益等。虚构债务，是指故意制造内容虚假的债务凭证，包括合同欠款证明等。承认不真实的债务，是指故意对事实上不准确的债务予以确认。破产受理期间隐匿、转移财产的行为是无效的，必须予以追回。虚构债务或者承认不真实的债务的行为，自始没有法律效力，据此取得的财产应当追回；原物不存在时，应折价赔偿。

▶ 关联法规

《最高人民法院关于适用〈中华人民共和国企业破产法〉若干问题的规定（二）》第17条

第三十四条 【可追回的债务人财产】因本法第三十一条、第三十二条或者第三十三条规定的行为而取得的债务人的财产，管理人有权追回。

▶ 条文注释

本条是关于可追回的债务人财产的规定。

按照本条规定，管理人有权追回下列财产，并加入破产财产：(1)通过无偿转让而取得的财产；(2)通过以明显不合理的价格进行交易而取得的财产；(3)通过对没有财产担保的债务提供财产担保而取得的财产；(4)通过对未到期的债务提前清偿而取得的财产；(5)通过债务人放弃债权的方式取得的财产；(6)通过债务人对个别债权人进行清偿而取得的财产；(7)通过为逃避债务而隐匿财产的方式取得的财产；(8)通过为逃避债务而转移财产的方式取得的财产；(9)通过虚构债务的方式取得的财产；(10)通过承认不真实债的方式取得的财产。

第三十五条 【出资的追缴】人民法院受理破产申请后,债务人的出资人尚未完全履行出资义务的,管理人应当要求该出资人缴纳所认缴的出资,而不受出资期限的限制。

◆条文注释◆

本条是关于追缴出资的规定。

出资人的出资,是构成公司等企业的注册资金,是公司等企业开展生产活动的物质基础。我国法律对出资人出资作了明确的规定,基本要求是出资人必须实际出资。出资人依照公司章程或者合同约定缴纳出资,是其必须履行的法定义务。当公司等企业生产经营状况发生变化,出现不能清偿到期债务,并且资产已经不足以清偿全部债务,或者已经明显缺乏清偿债务能力,即依法可以进入破产程序时,如果债务人的出资人还没有完全履行出资义务,不能因为债务人已经进入破产程序而免除出资人的出资义务。出资人虚假出资,或者抽逃出资,除了必须缴纳其所认缴的出资外,还要受到相应的行政处罚。构成犯罪的,依法追究刑事责任。

◆关联法规◆

《刑法》第159条

《公司法》第252、253条

《最高人民法院关于适用〈中华人民共和国企业破产法〉若干问题的规定(二)》第20条

第三十六条 【非正常收入和被侵占财产的追回】债务人的董事、监事和高级管理人员利用职权从企业获取的非正常收入和侵占的企业财产,管理人应当追回。

◆条文注释◆

本条是关于对非正常收入和被侵占财产的追回的规定。

本条明确规定,债务人的董事、监事和高级管理人员利用职权从债务人获取的非正常收入和侵占的债务人财产,管理人应当追回。其中,构成犯罪的,依法追究刑事责任。非正常收入主要包括以下三种类型:(1)绩效奖金,当债务人出现破产原因时,公司的经营状况通常难以支撑向职工发放绩效奖金,此时若董事、监事和高级管理人员仍获取绩效奖金,该部分可被认定为非正常收入。(2)普遍拖欠职工工资情况下获取的工资性收入,在企业普遍拖欠职工工资的情形下,利用职权获取的工资性收入超出合理范围的部分,应认定为非正常收入。(3)其他非正常收入。债务人的董事、监事和高级管理人员拒不向管理人返还上述债务人财产,管理人主张上述人员予以返还的,人民法院应予支持。

关联法规

《刑法》第271条

《公司法》第179、181条

《最高人民法院关于适用〈中华人民共和国企业破产法〉若干问题的规定(二)》第24条

第三十七条 【清偿债务与替代担保】人民法院受理破产申请后,管理人可以通过清偿债务或者提供为债权人接受的担保,取回质物、留置物。

前款规定的债务清偿或者替代担保,在质物或者留置物的价值低于被担保的债权额时,以该质物或者留置物当时的市场价值为限。

条文注释

本条是关于通过债务清偿或者替代担保取回质物及留置物的规定。

本条第1款规定了管理人可以取回质物及留置物的条件:一是管理人清偿了被担保的债务;二是管理人提供了为债权人接受的担保。应当注意,管理人用替代担保收回质物及留置物时,提供的必须是为债权人接受的担保。如果债权人不接受替代担保,则管理人不得取回质物及留置物。

本条第 2 款规定了债务清偿或者替代担保,在质物或者留置物的价值低于被担保的债权额时,以该质物或者留置物当时的市场价值为限。

关联法规

《民法典》第 425、436、447、453 条

《最高人民法院关于适用〈中华人民共和国企业破产法〉若干问题的规定(二)》第 25 条

第三十八条　【非债务人财产的取回】人民法院受理破产申请后,债务人占有的不属于债务人的财产,该财产的权利人可以通过管理人取回。但是,本法另有规定的除外。

条文注释

本条是关于处理非债务人财产的规定。

债务人占有的不属于债务人的财产不应用于清偿债权人,包括债务人基于仓储、保管、加工承揽、委托交易、代销、借用、寄存、租赁等法律关系占有、使用的他人财产等。对于不属于债务人的财产,该财产的权利人和其他物权人虽有权取回,但不能直接从债务人那里取回,而应当通过管理人取回。因为进入破产清算程序后,债务人的财产以及由其占有、使用或者在其名下的财产,都处于管理人的控制之中,故而财产的权利人与其他物权人应当通过管理人取回。

关联法规

《最高人民法院关于适用〈中华人民共和国企业破产法〉若干问题的规定(二)》第 26－29、38 条

第三十九条　【在途标的物的取回】人民法院受理破产申请时,出卖人已将买卖标的物向作为买受人的债务人发运,债务人尚未收到且未付清全部价款的,出卖人可以取回在运途中的标的物。但是,管理人可以支付全部价款,请求出卖人交付标的物。

条文注释

本条是关于在途标的物的取回的规定。

买受人破产时出卖人可以依《民法典》取回尚未履行完毕的买卖合同的标的物。同时,根据本条的规定,出卖人取回标的物必须受到以下限制:(1)出卖人取回标的物必须符合以下几个前提条件:第一,出卖人已将买卖标的物发运;第二,买受人被宣告破产;第三,买受人尚未收到标的物;第四,买受人尚未付清全部价款。(2)出卖人取回的应是在运途中的标的物,在运途中是指标的物已被出卖人发运,但尚未到达目的地。对破产清算程序中尚未履行完毕的买卖合同可以依法继续履行。本条规定,负责管理破产人的财产和其他事务的管理人,根据破产人及买卖合同履行的实际情况,认为可以继续履行买卖合同的,可以将尚未付清的价款支付给出卖人,同时请求出卖方全面履行自己的义务,交付标的物。

关联法规

《民法典》第 829 条

《最高人民法院关于适用〈中华人民共和国企业破产法〉若干问题的规定(二)》第 39 条

第四十条 【抵销条件及其限制】债权人在破产申请受理前对债务人负有债务的,可以向管理人主张抵销。但是,有下列情形之一的,不得抵销:

(一)债务人的债务人在破产申请受理后取得他人对债务人的债权的;

(二)债权人已知债务人有不能清偿到期债务或者破产申请的事实,对债务人负担债务的;但是,债权人因为法律规定或者有破产申请一年前所发生的原因而负担债务的除外;

(三)债务人的债务人已知债务人有不能清偿到期债务或者破产申请的事实,对债务人取得债权的;但是,债务人的债务人因为法律规定或者有破产申请一年前所发生的原因而取得债权的除外。

条文注释

本条是关于债权人在破产清算程序中可以依法主张抵销和不得抵销情形的规定。

抵销是指当事人双方互负债务,又互享债权,各自以自己的债权充抵对方所负的债务,使自己的债务与对方的债务在等额内消灭。债权人在破产清算程序中主张抵销的条件是:(1)债权人与破产人互负债务又互享债权;(2)债权人对破产人负有的债务产生于破产案件申请之前。为公平地清理债权债务,防止抵销权的滥用,本条又对债权人在破产清算程序中不得主张抵销的情形作了规定。除法定情形外,破产人的债务人已知破产人有不能清偿到期债务或者破产申请的事实而对破产人取得的债权不得抵销。为在保障其他债权人利益的同时,也维护抵销权人的合法权益,本条同时规定,破产人的债务人已知破产人有不能清偿到期债务或者破产申请的事实,但因法律规定或者有破产申请1年前所发生的原因,而对破产人取得债权的,可以向管理人主张抵销。

关联法规

《合伙企业法》第41条

《最高人民法院关于适用〈中华人民共和国企业破产法〉若干问题的规定(二)》第41-46条

《最高人民法院关于审理企业破产案件若干问题的规定》第60条

第五章 破产费用和共益债务

第四十一条 【破产费用的范围】人民法院受理破产申请后发生的下列费用,为破产费用:

（一）破产案件的诉讼费用；
（二）管理、变价和分配债务人财产的费用；
（三）管理人执行职务的费用、报酬和聘用工作人员的费用。

条文注释

本条是关于破产费用的范围的规定。

破产费用，是指人民法院受理破产案件后，为使破产程序顺利进行以及对债务人财产或者破产财产的管理、变价、分配而必须支付的，由债务人财产或者破产财产优先拨付的费用。破产费用必须是已经支付或者必须支付的费用，即破产案件受理后至案件终结前这一期间所支付的符合破产费用范围的费用；费用的支付只能为了债权人的共同利益，而不能为了个别债权人的利益。破产费用包括：(1)破产财产的管理、变卖、分配所需要的费用；(2)破产案件的受理费；(3)债权人会议费用；(4)催收债务所需费用；(5)为债权人的共同利益而在破产程序中支付的其他费用。

关联法规

《最高人民法院关于适用〈中华人民共和国企业破产法〉若干问题的规定(三)》第1条

《最高人民法院关于审理企业破产案件若干问题的规定》第88、89条

第四十二条 【共益债务的内容】人民法院受理破产申请后发生的下列债务，为共益债务：

（一）因管理人或者债务人请求对方当事人履行双方均未履行完毕的合同所产生的债务；

（二）债务人财产受无因管理所产生的债务；

（三）因债务人不当得利所产生的债务；

（四）为债务人继续营业而应支付的劳动报酬和社会保险

费用以及由此产生的其他债务;

（五）管理人或者相关人员执行职务致人损害所产生的债务;

（六）债务人财产致人损害所产生的债务。

条文注释

本条是关于共益债务的内容的规定。

所谓共益债务,是指人民法院受理破产案件后,管理人为全体债权人的共同利益,管理债务人财产时所负担或者产生的债务以及因债务人财产而产生的有关债务。共益债务的构成要具备两个条件:一是这种债务的发生一定是为保护债权人的共同利益的行为产生的债务,本条规定的六种情况的出现一定是以债权人共同利益为前提的;二是这些债务的发生是在人民法院受理破产案件后,如果是在这之前发生的债务就只能作为破产债权来对待。

第四十三条 【清偿顺序与破产程序终结】破产费用和共益债务由债务人财产随时清偿。

债务人财产不足以清偿所有破产费用和共益债务的,先行清偿破产费用。

债务人财产不足以清偿所有破产费用或者共益债务的,按照比例清偿。

债务人财产不足以清偿破产费用的,管理人应当提请人民法院终结破产程序。人民法院应当自收到请求之日起十五日内裁定终结破产程序,并予以公告。

条文注释

本条是关于破产费用和共益债务如何清偿的规定。

破产费用和共益债务具有一个共同的属性,即都是为债权人的共同利益而发生的。无论是人民法院审理该案件所支出的费用,还是管理人对债务人的财产进行管理所发生的费用,其目的都是维护债权人的共同利益,这个属性决定了破产费用和共益债务优先于其他债权。用来清偿破产费用和共益债务的财产以债务人财产为限,在债务人被人民法院宣告破产后,以破产财产为限。一般情况下,具体执行清偿行为的人是管理人。

关联法规

《关于执行案件移送破产审查若干问题的指导意见》第15条

《最高人民法院关于适用〈中华人民共和国企业破产法〉若干问题的规定(一)》第8条

《最高人民法院关于审理企业破产案件若干问题的规定》第90、91条

典型案例

上海某某港实业有限公司破产清算转破产重整案

要旨:人民法院审理涉流域港口码头经营企业破产重整案件,应当将环境污染治理作为实现重整价值的重要考量因素,及时消除影响码头经营许可资质存续的环境污染状态。港口码头经营企业对相关基础设施建设、维护缺失造成环境污染,不及时治理将影响其破产重整价值的,应当由管理人依法进行治理。管理人请求将相关环境治理费用作为共益债务由债务人财产随时清偿的,人民法院依法应予支持。

第六章 债权申报

第四十四条 【债权人】人民法院受理破产申请时对债务人享有债权的债权人,依照本法规定的程序行使权利。

条文注释

本条是关于对债务人享有债权的债权人的规定。

所谓破产案件中的债权,是指在人民法院受理破产案件前成立对债务人享有的债权,条件是:(1)按照破产程序申报并确认的;(2)可以从破产财产中受到清偿的债权。这是一种财产上的请求权。所谓的债权人是享有上述债权的人。因法律关系所产生的债权不同,债权人主要有以下几类:(1)因合同而产生的债权人;(2)因侵权行为而发生的损害赔偿请求权人;(3)因不当得利而发生的返还请求权人;(4)因无因管理而发生的费用返还请求权人;(5)对债务人享有法定优先权的请求权人;(6)因其他法定原因而发生的请求权人。对债务人享有债权的人只有进行了债权申报后才能取得破产案件的债权人的地位,依法定程序享有各项权利。债权人主要有以下权利:(1)债权申报;(2)参加债权人会议享有表决权;(3)提出对债务人重整申请;(4)参加破产财产分配。

关联法规

《最高人民法院关于适用〈中华人民共和国企业破产法〉若干问题的规定(二)》第21条

第四十五条 【债权申报期限】人民法院受理破产申请后,应当确定债权人申报债权的期限。债权申报期限自人民法院发布受理破产申请公告之日起计算,最短不得少于三十日,最长不得超过三个月。

条文注释

本条是关于债权申报期限的规定。

所谓债权申报期限,是指法律规定或者人民法院允许债权人在法院受理破产申请后向法院申报债权的期间。如果对债务人享有债权的债权人没有在债权申报期限内申报债权,并且也没有补充申报的,就视同其放弃了参加破产程序的权利。债权申报期限的法律意义在于,约束债权人正当行使参加破产程序的权利,防止个别债权人因迟迟不进行债权申报,使破产案件难以及时得到解决。

第四十六条 【未到期与附利息债权】未到期的债权,在破产申请受理时视为到期。

附利息的债权自破产申请受理时起停止计息。

条文注释

本条是关于未到期债权和附利息债权在申报债权时如何处理的规定。

未到期债权,是指在人民法院受理破产案件后,债权人对债务人享有的债权是尚未到履行期的债权。未到期的债权,在破产案件受理时视为到期。这样对债务人享有未到期债权的人,在人民法院受理了破产案件后,通过债权申报取得破产案件当事人的地位,享有对破产财产的求偿权。附利息债权是指在债权债务关系中,除了本金债权之外,还包含根据预先约定的利率产生利息的债权。对于尚未到期的附利息的债权,按照本条的规定,自破产案件受理时停止计息。这样规定的理由是,破产债权须是人民法院受理破产案件前成立的对债务人享有的债权。法院受理破产案件后,债务人已不可能继续使用本金,所以无须支付这部分利息,而应当停止计息。如果继续计算利息,会使债权金额处于不确定状态,也会对其他债权人的利益分配产生不利影响。

关联法规

《最高人民法院关于适用〈中华人民共和国企业破产法〉若干问题的规定(二)》第20、37条

第四十七条 【不确定债权】附条件、附期限的债权和诉讼、仲裁未决的债权,债权人可以申报。

条文注释

本条是关于不确定债权的处理规定。

所谓不确定债权,是指债权的请求权行使需要一定的条件,在该条件具备时债权人才能行使其请求权。本条规定了三种不确定情况下的债权可以申报债权,即附条件债权、附期限债权和诉讼、仲

裁未决的债权。附条件债权，是指当事人约定以将来某种事实是否发生作为债权生效或者失效的条件。附期限债权，是指当事人约定以将来特定时间的届至作为债权生效或失效的条件而成立的债权。诉讼、仲裁未决的债权，是指当事人因债权纠纷起诉到人民法院或者提交仲裁机构就债权纠纷作出判决或仲裁决定，人民法院或者仲裁机构尚未对此作出判决和裁决的债权。

第四十八条 【不必申报的债权与职工权利】债权人应当在人民法院确定的债权申报期限内向管理人申报债权。

债务人所欠职工的工资和医疗、伤残补助、抚恤费用，所欠的应当划入职工个人账户的基本养老保险、基本医疗保险费用，以及法律、行政法规规定应当支付给职工的补偿金，不必申报，由管理人调查后列出清单并予以公示。职工对清单记载有异议的，可以要求管理人更正；管理人不予更正的，职工可以向人民法院提起诉讼。

条文注释

本条是关于债权申报机构以及破产企业职工的有关权利如何处理的规定。

本条第1款规定有两层含义：一是对债务人享有债权的人如进行债权申报须在法院规定的申报期限内申报债权；二是要向人民法院指定的破产案件的管理人申报，即接受申报的主体是破产案件的管理人。

本条第2款的规定体现了本法维护和保障破产企业职工合法权益的重要原则。通过这种由管理人主动调查公示的方式，可以更高效、更准确地确定职工债权，同时也减少了职工的维权成本，体现了对职工权益的优先保护和特殊照顾。

第四十九条 【债权说明】债权人申报债权时，应当书面说明债权的数额和有无财产担保，并提交有关证据。申报的债权是连带债权的，应当说明。

🔲条文注释

本条是关于债权人申报债权时应当提供有关文件的规定。

本条规定有三层含义：(1)债权申报须以书面形式进行，并提供债权证明、身份证明；(2)债权人申报时在说明有财产担保时，还须提供有关证据；(3)如果申报的债权是连带债权的，须特别说明。

🔲关联法规

《最高人民法院关于审理企业破产案件若干问题的规定》第21、22条

第五十条 【连带债权的申报】连带债权人可以由其中一人代表全体连带债权人申报债权，也可以共同申报债权。

🔲条文注释

本条是关于连带债权人如何申报债权的规定。

连带债权，是指债权人人数为两人以上的多数债权人中的任何一人都有权要求债务人履行全部债务，债务人也可以向多数债权人中的任何一人履行全部债务的债权。享有连带权利的债权人为连带债权人。基于连带债权的法律性质，本条规定了多个债权人对被申请人享有连带债权的，连带债权人可以采取两种方式申报债权。一是由其中一人代表全体连带债权人申报债权。要求债权申请人在申报时向管理人说明其连带债权的情况，说明其能够代表其他连带债权人，应当将其他债权人的基本情况如人数向管理人说明。在这种情况下，该申请人的行为对其他连带债权人发生效力，在进入破产程序后，可以代表其他债权人行使债权人的各项权利。二是多个连带债权人共同申报债权。共同债权人在破产财产清偿时，只解决所申报债权的清偿问题，至于连带债权人内部之间的关系，不由破产程序解决。

🔲关联法规

《最高人民法院关于审理企业破产案件若干问题的规定》第23条

第六章 债权申报

> **第五十一条 【保证人或其他连带债务人的债权申报】**债务人的保证人或者其他连带债务人已经代替债务人清偿债务的,以其对债务人的求偿权申报债权。
>
> 债务人的保证人或者其他连带债务人尚未代替债务人清偿债务的,以其对债务人的将来求偿权申报债权。但是,债权人已经向管理人申报全部债权的除外。

条文注释

本条是关于债务人的保证人或连带债务人如何申报债权的规定。

债务人的保证人或者其他连带债务人,在债务人不能清偿债务时,有义务依照保证合同或者连带债务人之间的协议或法律的规定,代替债务人履行义务和清偿债务,从而与债务人形成另一种债权债务关系。在此种情况下,债务人的保证人或者连带债务人如何就自己的债权进行申报?

本条第1款规定了两种求偿权可以作为债权进行申报的情况。一种情况是被申请破产的债务人的保证人,由于债务人不履行债务而承担了担保责任后对其形成的求偿权。另一种情况是债务人的连带债务人已履行了连带债务而对债务人形成的求偿权。这两种求偿权的形成不受人民法院受理破产案件前后的限制。

本条第2款规定了债务人的保证人或者其他连带债务人尚未代替债务人清偿债务的,以其对债务人的将来求偿权申报债权。将来求偿权是指对债务人享有的非现实的、将来要求债务人清偿债务的权利。保证人或者其他连带债务人可以以其对债务人的将来求偿权申报债权,是以债权将来可能存在为前提的。如果债权人已经向管理人申报全部债权,那么,保证人或者其他连带债务人不再负有清偿全部债务的义务,其将来求偿权就失去了存在的前提。

关联法规

《民法典》第687、700条

《最高人民法院关于适用〈中华人民共和国民法典〉有关担保制度的解释》第24条

《最高人民法院关于适用〈中华人民共和国企业破产法〉若干问题的规定(三)》第4条

第五十二条 【连带债务人数人的债权申报】连带债务人数人被裁定适用本法规定的程序的,其债权人有权就全部债权分别在各破产案件中申报债权。

条文注释

本条是关于多个连带债务人被申请进入破产程序的,其债权人如何申报债权的规定。

连带债务是指多数债务人中的任何一人都负有清偿全部债务的责任,每个债务人,都负有清偿全部债务的义务,其中一人履行了全部债务后,其他连带债务人的义务全部解除。连带债务的发生依据有两类:法定连带责任与因当事人的法律行为设定的连带责任。在连带债务人同时或先后被裁定适用本法规定的破产程序的,连带债务的债权人有权就其全部债权,分别在各破产案件申报债权。一是连带债务人被裁定适用的程序是本法规定的程序,包括重整、和解、破产清算等,只要进入一个程序,其债权人就可以申报债权;二是本条所指的连带债务人被裁定适用破产程序的案件是分别独立的案件,而不是因为他们之间是连带债务人而将其合为一个案件;三是由于是多个案件,债权人有权分别申报债权,无论有几个连带债务人,债权人都有权分别进行申报;四是债权人申报债权的范围包括其全部的债权。

关联法规

《合伙企业法》第2条

《最高人民法院关于适用〈中华人民共和国企业破产法〉若干问题的规定(三)》第5条

第六章 债权申报

第五十三条 【解除合同后的债权申报】管理人或者债务人依照本法规定解除合同的,对方当事人以因合同解除所产生的损害赔偿请求权申报债权。

关联法规

《企业破产法》第 18 条

《最高人民法院关于适用〈中华人民共和国企业破产法〉若干问题的规定(二)》第 36、37 条

第五十四条 【受托人的债权申报】债务人是委托合同的委托人,被裁定适用本法规定的程序,受托人不知该事实,继续处理委托事务的,受托人以由此产生的请求权申报债权。

条文注释

本条是关于受托人的债权申报的规定。

委托合同是指委托人和受托人约定,由受托人处理委托人事务的合同。委托合同的委托人被宣告破产,受托人就不得再继续处理委托事务,否则所产生的权利和义务都由受托人本人享有和承担。受托人没有接到委托人被宣告破产的通知,而且也没有从任何途径知道委托人被宣告破产这一事实,而继续处理委托事务的,委托人对受托人继续处理委托人事务的行为,应当承担民事责任,由此产生的债务也应当由委托人承担,即受托人有权要求委托人偿还由此而产生的债务。由于此时委托人已被宣告破产,受托人对委托人的请求权,只能作为破产债权来行使权利。

关联法规

《民法典》第 934-936 条

第五十五条 【票据付款人的债权申报】债务人是票据的出票人,被裁定适用本法规定的程序,该票据的付款人继续付款或者承兑的,付款人以由此产生的请求权申报债权。

条文注释

本条是关于破产清算程序中对票据的付款或者承兑如何处理的规定。

所谓票据,是指依照法定的格式签发和流通的汇票、本票和支票三种票据。这三种票据的共同特点是:在票据规定的期限内,持票人或收款人可向出票人或指定付款人无条件地支取确定金额的货币;它们都属于反映一定债权债务关系的、可流通的、代表一定数量货币请求权的有价证券。由于汇票和支票都是委托他人(包括一般付款人和办理支票存款业务的银行或者其他金融机构)支付确定的金额,所以,汇票和支票的出票人与付款人之间的关系是委托付款关系,付款人所付的金额及由此而产生的费用,应当由出票人负担,即付款人有权要求出票人支付、偿还有关的金额和费用。为此,本条规定,债务人是票据的出票人,被裁定适用本法规定的程序,该票据的付款人已付款或者承兑的,付款人以由此产生的请求权申报债权。

关联法规

《票据法》第61、64条

《最高人民法院关于审理票据纠纷案件若干问题的规定》第16条

第五十六条 【补充申报债权】在人民法院确定的债权申报期限内,债权人未申报债权的,可以在破产财产最后分配前补充申报;但是,此前已进行的分配,不再对其补充分配。为审查和确认补充申报债权的费用,由补充申报人承担。

债权人未依照本法规定申报债权的,不得依照本法规定的程序行使权利。

条文注释

本条是关于申报期限的延展和补充申报债权的规定。

债权人未按申报期限申报债权所丧失的是进入破产程序行使权利的机会,但不能说债权人的债权归于消灭,其实体权利还存在。补充申报与按期申报的债权有所不同:一是须在破产财产最终分配前提出；二是得到的清偿以申报后的破产财产为限；三是补充申报同样需要审查和确认，审查和确认所支出的费用要由申报人自己负担。这笔费用在申报期限内进行申报的，是不需要由申报人承担的。债权人未于申报期限内申报债权或者未在破产财产最终分配前补充申报债权的，不能依本法规定的程序行使权利。这里所说的"权利"是指在破产程序中，债权人所享有的破产程序上的权利，如参加债权人会议，对一些事项行使表决权、异议权和接受分配破产财产等。

关联法规

《最高人民法院关于审理企业破产案件若干问题的规定》第24条

第五十七条　【管理人审查权和利害关系人查阅权】管理人收到债权申报材料后，应当登记造册，对申报的债权进行审查，并编制债权表。

债权表和债权申报材料由管理人保存，供利害关系人查阅。

条文注释

本条是关于管理人审查权和利害关系人查阅权的规定。

管理人收到债权申报材料后，应当详尽记载申报人的姓名、单位、代理人、申报债权额、担保情况、证据、联系方式等事项，形成债权申报登记册；并依照本条第1款的规定对债权的性质、数额、担保财产、是否超过诉讼时效期间、是否超过强制执行期间等情况进行审查，编制债权表并提交债权人会议核查。债权表、债权申报登记册及债权申报材料在破产期间由管理人保管，债权人、债务人、债务人职工及其他利害关系人有权查阅。

关联法规

《最高人民法院关于适用〈中华人民共和国企业破产法〉若干问题的规定（二）》第30、32条

《最高人民法院关于适用〈中华人民共和国企业破产法〉若干问

题的规定(三)》第3、6、7条

《最高人民法院关于审理企业破产案件若干问题的规定》第22、55条

第五十八条 【债权表的核查及异议】依照本法第五十七条规定编制的债权表,应当提交第一次债权人会议核查。

债务人、债权人对债权表记载的债权无异议的,由人民法院裁定确认。

债务人、债权人对债权表记载的债权有异议的,可以向受理破产申请的人民法院提起诉讼。

条文注释

本条是关于债权表的核查及异议的规定。

债权人申报债权后,对于其债权是否成立,债权额能否确定,债权的性质等问题要经过核查予以确认,债权人才能取得真正的破产程序当事人地位,享有参加破产程序和接受破产财产分配的权利。因此,债权表决定债权人是否能进入破产程序行使债权人的权利,债权表的确定十分重要。本条规定了债权表的核查和确定程序,包括债权人会议行使债权表的核查权;人民法院行使债权表的确定权;对债权表有异议的处理。对人民法院已确认的债权表,债务人或者债权人对债权表记载的债权仍有异议的,不影响破产程序的进行。有争议的当事人可以就争议的债权另行提起诉讼。受理该诉讼的人民法院为受理该破产案件的人民法院。如果该诉讼在破产程序最后分配阶段仍未结束,应将争议债权应当分配的份额由管理人予以提存,待案件审理结束时,再按照最后确定的债权进行分配。

关联法规

《最高人民法院关于适用〈中华人民共和国企业破产法〉若干问题的规定(三)》第8、9条

《最高人民法院关于审理企业破产案件若干问题的规定》第63条

第七章 债权人会议

第一节 一般规定

第五十九条 【债权人的表决权；职工和工会代表的发表意见权】依法申报债权的债权人为债权人会议的成员，有权参加债权人会议，享有表决权。

债权尚未确定的债权人，除人民法院能够为其行使表决权而临时确定债权额的外，不得行使表决权。

对债务人的特定财产享有担保权的债权人，未放弃优先受偿权利的，对于本法第六十一条第一款第七项、第十项规定的事项不享有表决权。

债权人可以委托代理人出席债权人会议，行使表决权。代理人出席债权人会议，应当向人民法院或者债权人会议主席提交债权人的授权委托书。

债权人会议应当有债务人的职工和工会的代表参加，对有关事项发表意见。

条文注释

本条是关于债权人会议组成及表决的规定。

所谓债权人会议，是协调和形成全体债权人共同意思，通过对破产程序的参与和监督来体现全体债权人共同利益的自治性机构。债权人会议由申报债权的债权人组成。债权人会议主席由人民法院在有表决权的债权人中指定。债权人可以委托代理人出席债权人会议，并可以授权代理人行使表决权。代理人应当向人民法院或者债权人会议主席提交授权委托书。少数债权人拒绝参加债权人会议，不影响会议的召开，但债权人会议不得作出剥夺其对破产财产受偿的机会或者不利于其受偿的决议。

关联法规

《最高人民法院关于审理企业破产案件若干问题的规定》第39、45、52条

第六十条 【债权人会议主席】债权人会议设主席一人,由人民法院从有表决权的债权人中指定。

债权人会议主席主持债权人会议。

条文注释

本条是关于债权人会议主席的规定。

债权人会议主席,是指负责主持和召集债权人会议的人。必要时,人民法院可以指定多名债权人会议主席,成立债权人会议主席委员会。债权人会议主席的职责是:召集债权人会议;作为债权人会议的主持人掌握会议进程、维护会场纪律、主持会议讨论事项、完成债权人会议内容。债权人会议主席由人民法院从有表决权的债权人中指定。

关联法规

《最高人民法院关于审理企业破产案件若干问题的规定》第39条

第六十一条 【债权人会议职权】债权人会议行使下列职权:

(一)核查债权;

(二)申请人民法院更换管理人,审查管理人的费用和报酬;

(三)监督管理人;

(四)选任和更换债权人委员会成员;

(五)决定继续或者停止债务人的营业;

(六)通过重整计划;

（七）通过和解协议；
（八）通过债务人财产的管理方案；
（九）通过破产财产的变价方案；
（十）通过破产财产的分配方案；
（十一）人民法院认为应当由债权人会议行使的其他职权。
债权人会议应当对所议事项的决议作成会议记录。

条文注释

本条是关于债权人会议权限的规定。

债权人会议在法定议事范围内讨论决定事务的权限，是债权人会议的职权。《企业破产法》对债权人会议的职权作出明确规定，既可以保障破产程序的顺利进行，维护债权人的共同利益，也可以避免债权人自治因无章可循而权利滥用。

第六十二条 【债权人会议的召集与召开】第一次债权人会议由人民法院召集，自债权申报期限届满之日起十五日内召开。

以后的债权人会议，在人民法院认为必要时，或者管理人、债权人委员会、占债权总额四分之一以上的债权人向债权人会议主席提议时召开。

条文注释

本条是关于召开债权人会议的规定。

第一次债权人会议，是指破产程序开始后法定期限内，必须由法院召集的债权人会议。第一次债权人会议由人民法院召集并主持。人民法院应当作好以下准备工作：(1)拟订第一次债权人会议议程；(2)向债务人的法定代表人或者负责人发出通知，要求其必须到会；(3)向债务人的上级主管部门、开办人或者股东会议代表发出通知，要求其派员列席会议；(4)通知破产清算组成员列席会议；(5)通知审计、评估人员参加会议；(6)需要提前准备的其他工作。

关联法规

《最高人民法院关于审理企业破产案件若干问题的规定》第41、42条

第六十三条 【召开债权人会议的提前通知】召开债权人会议，管理人应当提前十五日通知已知的债权人。

关联法规

《最高人民法院关于审理企业破产案件若干问题的规定》第46条

第六十四条 【债权人会议的决议】债权人会议的决议，由出席会议的有表决权的债权人过半数通过，并且其所代表的债权额占无财产担保债权总额的二分之一以上。但是，本法另有规定的除外。

债权人认为债权人会议的决议违反法律规定，损害其利益的，可以自债权人会议作出决议之日起十五日内，请求人民法院裁定撤销该决议，责令债权人会议依法重新作出决议。

债权人会议的决议，对于全体债权人均有约束力。

条文注释

本条是关于债权人会议的决议规则及决议效力的规定。

债权人会议的决议，是指在债权人会议的职权范围内，对会议议题进行讨论，由出席会议的有表决权的债权人通过表决，所形成的代表债权人共同意志的决定。债权人会议的决议分为一般决议的表决和特殊决议的表决。本条第1款是一般决议的表决，即债权人会议的决议，由出席会议有表决权的债权人的过半数通过，并且其所代表的债权额占无财产担保的债权总额的1/2以上。"本法另有规定的除外"，主要是指本法第97条规定的特殊决议，即债权人会议通过和解协议的决议，除了由出席会议的有表决权的债权人过半数同意，还需其所代表的债权额占无财产担保债权总额的2/3

以上。

关联法规

《企业破产法》第97条

《最高人民法院关于适用〈中华人民共和国企业破产法〉若干问题的规定(三)》第11条

《最高人民法院关于审理企业破产案件若干问题的规定》第43条

第六十五条 【由人民法院裁定的表决未通过事项】本法第六十一条第一款第八项、第九项所列事项,经债权人会议表决未通过的,由人民法院裁定。

本法第六十一条第一款第十项所列事项,经债权人会议二次表决仍未通过的,由人民法院裁定。

对前两款规定的裁定,人民法院可以在债权人会议上宣布或者另行通知债权人。

关联法规

《最高人民法院关于审理企业破产案件若干问题的规定》第44条

第六十六条 【对裁定不服的复议】债权人对人民法院依照本法第六十五条第一款作出的裁定不服的,债权额占无财产担保债权总额二分之一以上的债权人对人民法院依照本法第六十五条第二款作出的裁定不服的,可以自裁定宣布之日或者收到通知之日起十五日内向该人民法院申请复议。复议期间不停止裁定的执行。

第二节　债权人委员会

第六十七条　【债权人委员会的组成】债权人会议可以决定设立债权人委员会。债权人委员会由债权人会议选任的债权人代表和一名债务人的职工代表或者工会代表组成。债权人委员会成员不得超过九人。

债权人委员会成员应当经人民法院书面决定认可。

▶ 条文注释

本条是关于债权人委员会组成的规定。

债权人委员会,即破产监督人,其代表债权人会议,表达债权人的共同意志,决议破产程序中的有关重要事项,并对破产程序进行监督。债权人委员会成员应当经人民法院书面决定认可,人民法院认为有关代表不宜担任债权人委员会成员的,可以不予认可,建议债权人会议或职工大会和工会予以调整人选。

第六十八条　【债权人委员会职权】债权人委员会行使下列职权:

(一)监督债务人财产的管理和处分;

(二)监督破产财产分配;

(三)提议召开债权人会议;

(四)债权人会议委托的其他职权。

债权人委员会执行职务时,有权要求管理人、债务人的有关人员对其职权范围内的事务作出说明或者提供有关文件。

管理人、债务人的有关人员违反本法规定拒绝接受监督的,债权人委员会有权就监督事项请求人民法院作出决定;人民法院应当在五日内作出决定。

关联法规

《最高人民法院关于适用〈中华人民共和国企业破产法〉若干问题的规定(三)》第13、14条

第六十九条 【管理人应当及时报告债权人委员会的行为】管理人实施下列行为,应当及时报告债权人委员会:

(一)涉及土地、房屋等不动产权益的转让;

(二)探矿权、采矿权、知识产权等财产权的转让;

(三)全部库存或者营业的转让;

(四)借款;

(五)设定财产担保;

(六)债权和有价证券的转让;

(七)履行债务人和对方当事人均未履行完毕的合同;

(八)放弃权利;

(九)担保物的取回;

(十)对债权人利益有重大影响的其他财产处分行为。

未设立债权人委员会的,管理人实施前款规定的行为应当及时报告人民法院。

条文注释

本条是关于管理人应当及时报告债权人委员会的行为的规定。

管理人处分本条规定的债务人重大财产的,应当根据本条的规定,提前10日书面报告债权人委员会或者人民法院。债权人委员会可以依照本法第68条第2款的规定,要求管理人对处分行为作出相应说明或者提供有关文件依据。债权人委员会认为管理人实施的处分行为不符合债权人会议通过的财产管理或变价方案的,有权要求管理人纠正。管理人拒绝纠正的,债权人委员会可以请求人民法院作出决定。人民法院认为管理人实施的处分行为不符合债权人会议通过的财产管理或变价方案的,应当责令管理人停止处分行为。管理人应当予以纠正,或者提交债权人会议重新表决通过后实

施。未设立债权人委员会的,管理人实施本条第1款规定的行为应当及时报告人民法院。

关联法规

《最高人民法院关于适用〈中华人民共和国企业破产法〉若干问题的规定(二)》第25条

《最高人民法院关于适用〈中华人民共和国企业破产法〉若干问题的规定(三)》第15条

第八章 重 整

第一节 重整申请和重整期间

第七十条 【重整申请人】债务人或者债权人可以依照本法规定,直接向人民法院申请对债务人进行重整。

债权人申请对债务人进行破产清算的,在人民法院受理破产申请后、宣告债务人破产前,债务人或者出资额占债务人注册资本十分之一以上的出资人,可以向人民法院申请重整。

条文注释

本条是关于重整申请人和申请重整的原因的规定。

重整,是指当企业法人不能清偿到期债务时,不对其财产立即进行清算,而是在法院主持下由债务人与债权人达成协议,制订重整计划,规定在一定期限内,债务人按一定方式全部或部分清偿债务,同时债务人可以依法继续经营其业务。重整的目的是使面临困境但有挽救希望的企业避免破产清算,使该企业能够消除破产原因,摆脱经济困境,重新获得经营能力、恢复生机、实现债务的清偿。因此,重整是防止企业破产的一个重要的法律制度。重整程序的启动,始于利害关系人的申请。本条即对可以提出重整申请的利害关系人以及申请重整的原因作出了规定。

关联法规
《全国法院破产审判工作会议纪要》第24条

第七十一条 【对重整申请的审查与公告】人民法院经审查认为重整申请符合本法规定的,应当裁定债务人重整,并予以公告。

条文注释
本条是关于对重整实行法院审查制度的规定。

重整程序是在人民法院主持下进行的,要经过人民法院的审查。人民法院应当对提交的重整申请书和有关证据,进行检查核对,看该人民法院有无管辖权、提出该重整申请的人是否为法定的有资格提出重整申请的人,并审查重整申请书是否符合规定、提交的有关证据能否证明存在法定的重整原因等,以确保重整程序能够依法进行。对符合本法规定的重整申请应当裁定债务人重整。应当注意,人民法院审查重整申请,只要是符合本法规定的,就应当裁定债务人重整,而本法并未规定债务人只有在有挽救的希望时才能进行重整。必须经过人民法院审查裁定"重整"并公告方可进入重整程序。

关联法规
《全国法院破产审判工作会议纪要》第14、15条

第七十二条 【重整期间】自人民法院裁定债务人重整之日起至重整程序终止,为重整期间。

条文注释
本条是关于重整期间起止时间的规定。

债务人或者债权人依法提出重整申请,人民法院经审查认为重整申请符合本法规定,即应作出债务人重整的裁定。重整期间的法律意义有:(1)债务人企业的管理权在重整期间发生变化。根据本法的规定,在重整期间,对债务人企业的财产和营业事务的管理,一种是经债务人申请,人民法院批准,由债务人自行管理,但需要接受

管理人的监督,另一种是由管理人进行管理;(2)设定于债务人财产上的担保物权和优先权在重整期间内的行使受到限制;(3)债务人的出资人和有关人员的权利在重整期间受到限制,债务人的出资人不得请求投资收益分配,其董事、监事、高级管理人员非经人民法院同意,不得向第三人转让其持有的债务人的股权。重整期间始于人民法院裁定债务人重整,止于重整程序终止。根据本法的规定,重整程序在以下情形终止:(1)由于存在法定情形被裁定终止;(2)因重整计划草案的依法通过而终止;(3)因重整计划草案未获通过而被裁定终止。

第七十三条 【债务人自行管理事务】在重整期间,经债务人申请,人民法院批准,债务人可以在管理人的监督下自行管理财产和营业事务。

有前款规定情形的,依照本法规定已接管债务人财产和营业事务的管理人应当向债务人移交财产和营业事务,本法规定的管理人的职权由债务人行使。

【条文注释】

本条是关于重整期间债务人可以自行管理财产和营业事务的规定。

企业财产和营业事务的管理权的规定是重整中重要的制度。根据本条的规定,在重整期间,债务人可以向人民法院申请自行管理财产和营业事务,经人民法院批准后,债务人可以在管理人的监督下自行管理财产和营业事务。在这种情况下,依照本法规定已接管债务人财产和营业事务的管理人应当向债务人移交财产和营业事务,本法规定的管理人的职权也由债务人行使。债务人在重整期间继续自行管理财产和营业事务,有以下几个方面的好处:第一,有助于尽早重新获得经营能力,恢复生机;第二,有助于充分调动、保护和发挥债务人的潜能。同时,为了避免债务人滥用重整程序,本条规定的债务人对于财产和营业事务的自行管理,必须经人民法院

第八章 重 整 61

批准,并应当在管理人的监督下进行。
关联法规
《全国法院民商事审判工作会议纪要》第 111 条

第七十四条 【聘任债务人的经管人员负责营业】管理人负责管理财产和营业事务的,可以聘任债务人的经营管理人员负责营业事务。

条文注释

本条是关于重整期间可以由管理人聘任的人员负责营业的规定。

重整期间,在不是由债务人自行管理财产和营业事务的情况下,应当由管理人负责管理债务人的财产和营业事务。此时,管理人可以聘任债务人的经营管理人员负责营业事务。因为企业营业事务的管理,需要有专门的知识和才能,尤其需要熟悉企业的业务。管理人虽然具有较为丰富的重整经验以及管理知识,但是其对企业营业事务的熟悉程度,是无法与债务人原有的经营管理人员相比的。同时,聘任债务人企业的经营管理人员负责企业的营业事务,有利于调动其参与企业重整的积极性,也有利于改善债务人的经营状况。

第七十五条 【担保权的暂停行使及恢复】在重整期间,对债务人的特定财产享有的担保权暂停行使。但是,担保物有损坏或者价值明显减少的可能,足以危害担保权人权利的,担保权人可以向人民法院请求恢复行使担保权。

在重整期间,债务人或者管理人为继续营业而借款的,可以为该借款设定担保。

条文注释

本条是关于重整期间担保权行使及设立担保的规定。
对债务人特定财产享有的担保权,包括抵押权、质权和留置权。

抵押权是指债务人或者第三人不转移财产的占有,将该财产作为债权的担保,债务人未履行债务时,债权人有权就该财产优先受偿。质权是指债务人或者第三人将其动产或法律规定可以出质的财产权利移交债权人占有,以其作为债权的担保,债务人未履行债务时,债权人有权就该动产或财产权利优先受偿。留置权是指债务人未履行债务时,债权人留置已经合法占有的债务人的动产,并有权就该动产优先受偿。本条规定,在重整期间,对债务人的特定财产享有的担保权暂停行使。同时,为保证债权人基本的利益不受损害,本条规定,担保物有损坏或者价值明显减少的可能,足以危害担保权人或者优先权人权利的,权利人可以向人民法院请求恢复行使担保或者优先权。人民法院经审查认为担保物确实存在损害或者价值明显减少的可能,并且危害担保权人权利的,应当批准权利人恢复行使担保优先权。

关联法规

《全国法院民商事审判工作会议纪要》第 112 条

第七十六条 【按约定取回债务人合法占有的财产】债务人合法占有的他人财产,该财产的权利人在重整期间要求取回的,应当符合事先约定的条件。

条文注释

本条是关于重整期间债权人财产取回权行使的规定。

财产取回权,是指债务人合法占有的他人财产,他人具有依法取回的权利。根据本条的规定,重整期间取回权的行使应当符合下列条件:第一,权利人必须针对自己所有而被债务人合法占有的财产行使取回权;第二,行使取回权的财产应当客观存在;第三,权利人行使取回权应当符合其与债务人事先约定条件,如租赁期满返还、质权担保的债权获得清偿后返还该财产等。

关联法规

《最高人民法院关于适用〈中华人民共和国企业破产法〉若干问题的规定(二)》第 40 条

第七十七条 【重整期间对相关人员的限制】在重整期间，债务人的出资人不得请求投资收益分配。

在重整期间，债务人的董事、监事、高级管理人员不得向第三人转让其持有的债务人的股权。但是，经人民法院同意的除外。

条文注释

本条是关于在重整期间对债务人的出资人及有关人员的权利进行限制的规定。应当注意：债务人的董事、经理以及其他高级管理人员，不得向第三人转让其个人对债务人持有的股权，但其相互转让对债务人持有的股权不在此限。

关联法规

《公司法》第八章

第七十八条 【终止重整并宣告破产的情形】在重整期间，有下列情形之一的，经管理人或者利害关系人请求，人民法院应当裁定终止重整程序，并宣告债务人破产：

（一）债务人的经营状况和财产状况继续恶化，缺乏挽救的可能性；

（二）债务人有欺诈、恶意减少债务人财产或者其他显著不利于债权人的行为；

（三）由于债务人的行为致使管理人无法执行职务。

条文注释

本条是关于重整期间人民法院裁定终止重整并宣告破产的情形的规定。

本条规定了人民法院经管理人或者利害关系人请求，应当裁定终止重整程序，并宣告债务人破产的三种情形：一是债务人的经营状况和财产状况继续恶化，缺乏挽救的可能性，应当注意的是，债务人的经营状况和财产状况继续恶化并非人民法院裁定终止重整程序的充分条件,必须是债务人的经营状况和财产状况恶化的程度达到了使债务人缺乏挽救的可能性。二是债务人有欺诈、恶意减少债务人财产或者其他显著不利于债权人的行为,主要有以下几种:(1)隐匿、私分或者无偿转让财产;(2)非正常压价出售财产;(3)对原来没有财产担保的债务提供担保;(4)对未到期的债务提前清偿;(5)放弃自己的债权。三是债务人的行为致使管理人无法执行职务。管理人执行职务需要获得债务人的积极配合,如果债务人恶意阻挠管理人执行职务或者消极地对管理人执行职务不予配合,均可能导致管理人无法执行职务。在重整期间,债务人出现了以上三种情形,则管理人或者利害关系人,有权请求人民法院宣告债务人破产。人民法院受理管理人或者利害关系人的请求后,应当裁定终止重整程序,并宣告债务人破产。

第二节 重整计划的制定和批准

第七十九条 【提交重整计划草案的期限与不提交的后果】 债务人或者管理人应当自人民法院裁定债务人重整之日起六个月内,同时向人民法院和债权人会议提交重整计划草案。

前款规定的期限届满,经债务人或者管理人请求,有正当理由的,人民法院可以裁定延期三个月。

债务人或者管理人未按期提出重整计划草案的,人民法院应当裁定终止重整程序,并宣告债务人破产。

第八十条 【债务人可制作重整计划草案】 债务人自行管理财产和营业事务的,由债务人制作重整计划草案。

管理人负责管理财产和营业事务的,由管理人制作重整计划草案。

第八章 重 整

条文注释

本条是关于重整计划草案制作主体的规定。

根据本条的规定,重整计划草案的制作主体视重整期间企业财产和营业事务管理的主体而定。具体来说,重整期间债务人自行管理财产和营业事务的,由债务人制作重整计划草案;重整期间管理人负责管理财产和营业事务的,由管理人制作重整计划草案。

关联法规

《全国法院破产审判工作会议纪要》第16、22条

第八十一条 【重整计划草案的内容】重整计划草案应当包括下列内容:

(一)债务人的经营方案;

(二)债权分类;

(三)债权调整方案;

(四)债权受偿方案;

(五)重整计划的执行期限;

(六)重整计划执行的监督期限;

(七)有利于债务人重整的其他方案。

条文注释

本条是关于重整计划草案内容的规定。

根据本条的规定,重整计划草案的内容应当包括债务人的经营方案、债权分类、债权调整方案、债权受偿方案、重整计划的执行期限、重整计划执行的监督期限,以及有利于债务人重整的其他方案。法律规定重整计划草案应当包括的内容,可以便于重整计划草案的审查,防止重整计划草案的制作人滥用制作重整计划草案的权利,并增强重整计划的可操作性。

第八十二条 【债权人会议对重整计划草案的分组表决】下列各类债权的债权人参加讨论重整计划草案的债权人会议,

> 依照下列债权分类，分组对重整计划草案进行表决：
> （一）对债务人的特定财产享有担保权的债权；
> （二）债务人所欠职工的工资和医疗、伤残补助、抚恤费用，所欠的应当划入职工个人账户的基本养老保险、基本医疗保险费用，以及法律、行政法规规定应当支付给职工的补偿金；
> （三）债务人所欠税款；
> （四）普通债权。
> 人民法院在必要时可以决定在普通债权组中设小额债权组对重整计划草案进行表决。

【条文注释】

本条是关于债权人会议对重整计划草案分组表决的规定。

按照本条的规定，债权人要按照不同的债权进行分类，享有同类债权的债权人组成一个组，在债权人会议对重整计划草案进行表决时，以组为单位分别对重整计划草案进行表决。债权可以分为四类，即对债务人的特定财产享有担保权或者法律规定的优先权的债权；债务人所欠职工的工资和医疗、伤残补助、抚恤费用，所欠的应当划入职工个人账户的基本养老保险、基本医疗保险费用，以及法律、行政法规规定应当支付给职工的补偿金；债务人所欠税款；普通债权。因此，债权人可以按上述债权分类分为四组。同时，人民法院在必要时，可以决定在普通债权组中设小额债权组对重整计划草案进行表决。对重整计划草案进行表决时，债权人会议不是像在破产清偿程序中那样集体表决，而是分组表决。我国《企业破产法》采取的是强行性分组原则，即分组标准由本法加以规定，这样规定的目的是防止法院在重整债权分类上有过大的自由裁量权，有利于克服任意性分组的随意性。债权人会议的决议除现场表决外，可以由管理人事先将相关决议事项告知债权人，采取通信、网络投票等非现场方式进行表决。采取非现场方式进行表决的，管理人应当在债权人会议召开后的3日内，以信函、电子邮件、公告等方式将表决结果告知参与表决的债权人。

关联法规

《最高人民法院关于适用〈中华人民共和国企业破产法〉若干问题的规定(三)》第11条

> **第八十三条 【重整计划中的禁止性规定】**重整计划不得规定减免债务人欠缴的本法第八十二条第一款第二项规定以外的社会保险费用;该项费用的债权人不参加重整计划草案的表决。

条文注释

本条是关于重整计划不得规定减免债务人欠缴的有关社会保险费用的规定。

社会保险是指国家通过立法强制建立社会保险基金,对参加劳动关系的劳动者在丧失劳动能力或失业时给予必要的物质帮助的制度。根据《劳动法》第70条的规定,社会保险包括养老保险、医疗保险、工伤保险、失业保险、生育保险等项目。基本养老保险、基本医疗保险的社会保险基金由个人账户与社会保险统筹组成。本法第82条第1款第2项以外的社会保险费用,是指债务人欠缴的应划入统筹账户的社会保险费用,包括债务人欠缴的应当纳入统筹账户的基本养老保险费用、基本医疗保险费用,以及债务人欠缴的工伤保险费用、失业保险费用、生育保险费用等其他社会保险费用。划入统筹账户的社会保险费用的债权人,是社会保险机构,由于法律规定重整计划不得减免债务人欠缴的划入统筹账户的社会保险费用,所以,划入统筹账户的社会保险费用的债权权益在重整计划中不会受到影响,其债权人也就没有必要参加重整计划草案的表决。

关联法规

《劳动法》第70条

第八十四条 【法院召开的债权人会议对重整计划草案的表决】人民法院应当自收到重整计划草案之日起三十日内召开债权人会议,对重整计划草案进行表决。

出席会议的同一表决组的债权人过半数同意重整计划草案,并且其所代表的债权额占该组债权总额的三分之二以上的,即为该组通过重整计划草案。

债务人或者管理人应当向债权人会议就重整计划草案作出说明,并回答询问。

条文注释

本条是关于重整计划草案表决的规定。

本条第1款规定,关于重整计划的通过条件,即重整计划获得债权人会议中某一表决组中多少债权人及其所代表的债权的同意,才能在该表决组获得通过,我国立法采用的是双标准制。

本条第2款规定,出席会议的同一表决组的债权人过半数同意重整计划草案,并且其所代表的债权额占该组债权总额的2/3以上的,即为该组通过重整计划草案。在双标准制中,采用人数与债权额的双重标准,提供了小额债权人对于大债权人滥用权利的制约,而且可以促使债务人为了获得小债权人的同意而在重整计划上提供使各债权人皆能满意的安排。

第八十五条 【债务人的出资人对重整计划草案的表决】债务人的出资人代表可以列席讨论重整计划草案的债权人会议。

重整计划草案涉及出资人权益调整事项的,应当设出资人组,对该事项进行表决。

条文注释

本条是关于有关出资人在重整计划草案表决时的权利的规定。

债务人的出资人对进入重整程序的债务人享有的权益,如果重整计划草案不涉及出资人的权益调整,那么,各出资人的权益不会发生变化。而出资人为了挽救濒危债务人,使自己的权益得到更好的实现,他们往往愿意对重整计划草案发表有价值的意见和建议,这对债务人的重整是大有益处的。为此,本条允许债务人的出资人代表列席讨论重整计划草案的债权人会议。如果重整计划草案涉及出资人的权益调整,那么,出资人的权益就会受到影响。为保障出资人的合法权益,本条规定重整计划草案涉及出资人权益调整事项的,应当设出资人组,对该事项进行表决。

关联法规

《公司法》第66、116条

第八十六条 【重整计划的通过和批准】各表决组均通过重整计划草案时,重整计划即为通过。

自重整计划通过之日起十日内,债务人或者管理人应当向人民法院提出批准重整计划的申请。人民法院经审查认为符合本法规定的,应当自收到申请之日起三十日内裁定批准,终止重整程序,并予以公告。

条文注释

本条是关于债权人会议通过重整计划草案和人民法院批准重整计划的规定。

依据本法的规定,债权人会议按照债权分类标准,分组对重整计划草案进行表决。重整计划草案在每一表决组内,必须获得出席会议的债权人过半数同意,并且其代表的债权额占该组债权总额的2/3以上。只有各表决组均按照规定通过重整计划草案时,重整计划草案在法律上才被认为获得债权人会议的通过。重整计划草案经过债权人会议表决通过后,还必须经过人民法院的审查批准,这是重整计划生效的必要条件,也是司法权力在重整程序中发挥作用的重要体现。自重整计划通过之日起10日内,重整计划草案的制作人,即债务人或者管理人应当向人民法院提出批准重整计划的申请,由人民法院审查重整计划是否符合本法的规定。申请法院批准重整计划期间,自重整计划通过之日起10日内,债务人或者管理人应当向人民法院提出法院的审查期间,如果人民法院经审查认为重整计划符合本法规定的,应当自收到批准重整计划的申请之日起30日内裁定批准重整计划,终止重整程序,并予以公告。

关联法规

《全国法院民商事审判工作会议纪要》第114条

《全国法院破产审判工作会议纪要》第17条

典型案例

江苏苏醇酒业有限公司及关联公司实质合并破产重整案

要旨:在破产重整过程中,破产企业面临生产许可证等核心优质资产灭失、机器设备闲置贬损等风险,投资人亦希望通过试生产全面了解企业经营实力的,管理人可以向人民法院申请由投资人先行投入部分资金进行试生产。破产企业核心资产的存续直接影响到破产重整目的的实现,管理人的申请有利于恢复破产企业持续经营能力,有利于保障各方当事人的利益,该试生产申请符合破产保护理念,人民法院经审查,可以准许。同时,投资人试生产在获得准许后,应接受人民法院、管理人及债权人的监督,以公平保护各方的合法权益。

第八十七条 【未通过重整计划草案的处理】部分表决组未通过重整计划草案的,债务人或者管理人可以同未通过重整计划草案的表决组协商。该表决组可以在协商后再表决一次。双方协商的结果不得损害其他表决组的利益。

未通过重整计划草案的表决组拒绝再次表决或者再次表决仍未通过重整计划草案,但重整计划草案符合下列条件的,债务人或者管理人可以申请人民法院批准重整计划草案：

（一）按照重整计划草案，本法第八十二条第一款第一项所列债权就该特定财产将获得全额清偿，其因延期清偿所受的损失将得到公平补偿，并且其担保权未受到实质性损害，或者该表决组已经通过重整计划草案；

（二）按照重整计划草案，本法第八十二条第一款第二项、第三项所列债权将获得全额清偿，或者相应表决组已经通过重整计划草案；

（三）按照重整计划草案，普通债权所获得的清偿比例，不低于其在重整计划草案被提请批准时依照破产清算程序所能获得的清偿比例，或者该表决组已经通过重整计划草案；

（四）重整计划草案对出资人权益的调整公平、公正，或者出资人组已经通过重整计划草案；

（五）重整计划草案公平对待同一表决组的成员，并且所规定的债权清偿顺序不违反本法第一百一十三条的规定；

（六）债务人的经营方案具有可行性。

人民法院经审查认为重整计划草案符合前款规定的，应当自收到申请之日起三十日内裁定批准，终止重整程序，并予以公告。

第八十八条　【终止重整并宣告破产】 重整计划草案未获得通过且未依照本法第八十七条的规定获得批准，或者已通过的重整计划未获得批准的，人民法院应当裁定终止重整程序，并宣告债务人破产。

条文注释

本条是关于在重整计划草案未获通过的情况下，人民法院应当依法裁定终止重整程序的规定。

重整计划草案,是债务人或管理人制作的关于债务人企业重整的初步计划。重整计划草案制作好之后,不能当然付诸执行,首先要由债权人会议进行表决。因为重整计划最终是否能获得成功,会直接影响债权人的债权清偿,涉及债权人的切身利益,债权人应当有对重整计划草案的可行性提出意见的权利。按照本条的规定,在一般情况下,重整计划草案没有被通过的,人民法院应当裁定终止重整程序并宣告债务人破产。应当注意的是,重整计划草案没有被通过时,人民法院并不必然裁定终止重整程序并宣告债务人破产。如果符合本法第87条规定的条件,人民法院也可以在债权人会议没有通过重整计划草案的情况下,应债务人或者管理人的申请,裁定批准重整计划草案,在债权人权益通过重整计划草案可以得到合理保障的前提下,通过法院的强行批准,保证重整程序的顺利进行,增强重整的可能性。

第三节 重整计划的执行

第八十九条 【重整计划的执行人】重整计划由债务人负责执行。

人民法院裁定批准重整计划后,已接管财产和营业事务的管理人应当向债务人移交财产和营业事务。

条文注释

本条是关于重整计划执行人的规定。

重整计划的执行是对重整计划的具体实施,是重整的最终落脚点,也是能否实现重整目的的关键所在。而重整计划的执行人又是重整计划执行的中心枢纽,应由法律加以明确规定。根据本条的规定,我国企业的重整计划由债务人负责执行。由债务人担任重整计划执行人的优点是债务人对企业的经营和财务状况最为了解,由其执行重整计划可以达到驾轻就熟、宜于操作的效果。如果债务人的财产和营业事务已依法由管理人接管,那么,在人民法院裁定批准重整计划后,已接管财产和营业事务的管理人应当向债务人移交财产和营业事务,以使债务人能够执行重整计划。债务人应严格执行重整计划,但因出现国家政策调整、法律修改变化等特殊情况,导致原重整计划无法执行的,债务人或管理人可以申请变更重整计划一次。债权人会议决议同意变更重整计划的,应自决议通过之日起10日内提请人民法院批准。债权人会议决议不同意或者人民法院不批准变更申请的,人民法院经管理人或者利害关系人请求,应当裁定终止重整计划的执行,并宣告债务人破产。

关联法规

《全国法院破产审判工作会议纪要》第19-21条

第九十条　【重整计划的监督人】自人民法院裁定批准重整计划之日起,在重整计划规定的监督期内,由管理人监督重整计划的执行。

在监督期内,债务人应当向管理人报告重整计划执行情况和债务人财务状况。

条文注释

本条是关于由管理人监督重整计划执行的规定。

按照本法第81条的规定,重整计划草案应当包括重整计划执行的监督期限。该期限视重整计划具体情况可以与重整计划的执行期限一致或者短于后者。重整计划执行的监督期限始于人民法院裁定批准重整计划之日,终于监督期限届满。在此期间,由管理人监督债务人执行重整计划的情况,债务人应当向管理人报告重整计划执行情况和企业财务状况。在重整计划执行的过程中,为了防止债务人徇私舞弊,损害出资人、债权人及其他利益关系人的利益,有必要对债务人执行重整计划进行监督。

典型案例

某果蔬公司破产清算转重整案

要旨:对于因现金流受限而陷入困境但具备重整价值和拯救可能的农企,通过破产清算转重整,公开招募引入第三方投资人注资,挽救农企走出困境。人民法院在审理中小微企业破产案件中,对于已经进入破产程序但具有挽救价值的中小微企业,积极引导企业通过破产重整、和解等程序,全面解决企业债务危机,公平有序清偿相应债权,使企业获得再生。本案中,某果蔬公司作为欠发达县域的省级扶贫农业龙头企业,通过破产重整程序得以重生,不单企业本身走出困境,而且创造更多就业岗位吸附农村劳动力就近就业;同时,通过切实保护农民工劳务报酬,有效防止因"破"致贫和因"破"返贫,助力巩固脱贫攻坚成果;通过把更多的资金、企业家引入欠发达地区农企,为农业产业注入新的血液,以产业振兴促进乡村振兴,助力实施乡村振兴战略。

第九十一条 【监督报告的提交、监督期限的延长】监督期届满时,管理人应当向人民法院提交监督报告。自监督报告提交之日起,管理人的监督职责终止。

管理人向人民法院提交的监督报告,重整计划的利害关系人有权查阅。

经管理人申请,人民法院可以裁定延长重整计划执行的监督期限。

条文注释

本条是关于监督期届满时管理人履行有关职责的规定。

本条第 3 款规定"经管理人申请,人民法院可以裁定延长重整计划执行的监督期限"的含义包括:一是只有管理人享有延长监督期限的申请权;二是监督期限的延长是重整计划的执行延长,也就是清偿期限的延长。

第九十二条 【经法院裁定批准的重整计划的效力】经人民法院裁定批准的重整计划,对债务人和全体债权人均有约束力。

债权人未依照本法规定申报债权的,在重整计划执行期间不得行使权利;在重整计划执行完毕后,可以按照重整计划规定的同类债权的清偿条件行使权利。

债权人对债务人的保证人和其他连带债务人所享有的权利,不受重整计划的影响。

条文注释

本条是关于重整计划的效力范围和重整计划执行期间有关权利的行使的规定。

依法批准的重整计划对债务人和全体债权人均有约束力。重整计划经人民法院裁定批准后,即对债务人和全体债权人发生效力,不论债权人对债务人享有何种债权、债权人是否参加债权人会议或者是否同意重整计划,其债权的受偿条件、期限、方式等,均应按照重整计划的规定执行。没有依法申报的债权将受到限制。债权人逾期未申报债权的,应当视为自动放弃参加破产程序的权利。债权人对债务人的保证人或者其他连带债务人的权利不受影响即不因重整计划中对债权人的债权数额、清偿条件的调整而受到影响,仍应按照原有数额和条件进行清偿。

典型案例

国家开发银行河南省分行申请执行监督案

要旨:进入破产重整程序的被执行人未通知此前已经进入执行程序的债权人申报债权,导致其失去在破产重整程序中主张债权的机会;重整计划执行完毕后,该债权人有权依照《企业破产法》第92条的规定,按照破产重整计划规定的同类债权的清偿条件行使权利,申请恢复执行。

第九十三条　【重整计划的终止执行】债务人不能执行或者不执行重整计划的,人民法院经管理人或者利害关系人请求,应当裁定终止重整计划的执行,并宣告债务人破产。

人民法院裁定终止重整计划执行的,债权人在重整计划中作出的债权调整的承诺失去效力。债权人因执行重整计划所受的清偿仍然有效,债权未受清偿的部分作为破产债权。

前款规定的债权人,只有在其他同顺位债权人同自己所受的清偿达到同一比例时,才能继续接受分配。

有本条第一款规定情形的,为重整计划的执行提供的担保继续有效。

条文注释

本条是关于债务人不能执行或者不执行重整计划的后果的规定。

重整计划,是指由债务人或管理人制作并由人民法院批准的具有法律效力的文件。重整计划是进行重整的前提,所以债务人不能执行或者不执行重整计划的,人民法院经管理人或者利害关系人请求,应当裁定终止重整计划的执行,同时宣告债务人破产。债务人不能执行重整计划,是指由于并非债务人过错的原因使重整计划无法执行,如市场情况发生变化等。债务人不执行重整计划,是指债务人主观上不按照重整计划列明的内容执行,如对全部或个别债权人不依清偿期限与数额偿还,或对个别债权人偏袒性清偿,给其以重整计划外的利益,如提前偿还或在应减免时给予全额偿还等。

关联法规

《最高人民法院关于审理企业破产案件若干问题的规定》第32条

第九十四条 【因重整计划减免的债务的清偿免除】按照重整计划减免的债务,自重整计划执行完毕时起,债务人不再承担清偿责任。

▎条文注释

本条是关于重整计划执行完毕后免除债务人有关债务的规定。

重整程序的基本前提是,债务人的困难是暂时性的,并且其业务尚有相当的持续经营价值。在这种情况下,通过债务调整,包括暂缓偿债或减免债务,债务人的业务就有可能继续下去,同时债权人也可以获得大于在破产清算程序中本可获得的清偿额。这也是重整程序的立法目的所在。依重整计划减免的债务,自重整计划执行完毕时起,免除债务人的清偿责任。但这部分债权本身并未消灭,如果债务人自愿加以清偿,债权人获得的清偿利益,仍然受到法律保护。重整后的企业新发生的债权债务,按照正常的民事纠纷处理,不再适用本法的特别规定。

第九章 和 解

第九十五条 【申请和解的条件】债务人可以依照本法规定,直接向人民法院申请和解;也可以在人民法院受理破产申请后、宣告债务人破产前,向人民法院申请和解。

债务人申请和解,应当提出和解协议草案。

▎条文注释

本条是关于债务人申请和解的条件的规定。

所谓和解申请,是指债务人向法院请求同债权人会议进行和解的意思表示。债务人的申请是法院认可和解的必要条件。债务人申请和解,应当提出和解协议草案,草案一般包括:(1)债务人的财产状况;(2)清偿债务的比例、期限及财产来源;(3)破产费用的数额等。和解申请是法律赋予债务人的特权,只能由债务人提出,债权人不能提出,法院也不能依职权宣告和解程序的开始。人民法院作出破产宣告裁定前,债权人会议与债务人达成和解协议并经人民法院裁定认可的,由人民法院发布公告,中止破产程序。人民法院作出破产宣告裁定后,债权人会议与债务人达成和解协议并经人民法院裁定认可,由人民法院裁定中止执行破产宣告裁定,并公告中止破产程序。

关联法规

《最高人民法院关于审理企业破产案件若干问题的规定》第25条

第九十六条 【裁定和解】人民法院经审查认为和解申请符合本法规定的,应当裁定和解,予以公告,并召集债权人会议讨论和解协议草案。

对债务人的特定财产享有担保权的权利人,自人民法院裁定和解之日起可以行使权利。

关联法规

《全国法院破产审判工作会议纪要》第25条

第九十七条 【通过和解协议的条件】债权人会议通过和解协议的决议,由出席会议的有表决权的债权人过半数同意,并且其所代表的债权额占无财产担保债权总额的三分之二以上。

条文注释

本条是关于和解协议草案通过的条件的规定。

根据本法的规定,债权人会议对和解协议草案的通过有两个必备条件。第一个必备条件是必须由出席会议的有表决权的债权人的过半数同意,这意味着相应的衡量标准是有表决权的债权人的人数,而不是参加债权人会议的债权人的人数,也不是参与投票的债权人的人数。没有投票权的债权人是不受和解协议影响的债权人,或者是债权尚未确定的债权人。第二个必备条件是对和解协议投赞成票的债权人,其所代表的债权额,必须占已确定无财产担保的债权总额的2/3以上。这一条件的设立是为了保护占债权额较大比例的债权人的利益。如不同时具备这两个条件,和解协议不能成立。这里所谓的"无财产担保的债权总额",是指从债务人向人民法院提交的债权清册上记载的债权总额中,减去有财产担保的债权额后剩余的债权额。如果担保债权的数额超出了抵押物的价值,其超出部分作为普通破产债权处理。

第九十八条 【通过和解协议的后果】债权人会议通过和解协议的,由人民法院裁定认可,终止和解程序,并予以公告。管理人应当向债务人移交财产和营业事务,并向人民法院提交执行职务的报告。

条文注释

本条是关于人民法院应在和解协议通过后终止和解程序的规定。

债权人会议通过和解协议的,报请人民法院裁定认可。法院依法对和解协议成立的程序和内容进行审查,审查认为合法的,应当予以认可并发布公告。法院对达成的和解协议主要从以下两个方面进行审查:一是债权人会议的决议程序是否合法,即债权人会议决议的产生过程是否合法;二是和解协议的内容是否合法。人民法院裁定终止和解程序的,应当通知管理人中止执行职务。管理人应当向债务人移交所有的财产管理和营业事务,恢复债务人的法人地位,以便债务人能够自主地管理其财产,按与债权人会议达成的和解协议清偿债务。管理人应将以下事物移交债务人:(1)移交接收的债务人财产及与其财产有关的一切资料;(2)交还债务人的财产的管理、清理、处分权;(3)移交营业管理权。

第九十九条 【和解协议草案未获通过的后果】和解协议草案经债权人会议表决未获得通过,或者已经债权人会议通过的和解协议未获得人民法院认可的,人民法院应当裁定终止和解程序,并宣告债务人破产。

条文注释

本条是关于和解协议草案未能通过,人民法院宣告债务人破产的规定。

债务人提出的和解方案,应该创造比依法破产更好的清偿条件,最大限度地争取债权人会议的同意,提出的和解协议应是债权人所能够接受的。无论是延期清偿债务,还是减少部分债务数额,在和解协议中还要贯彻债权人一律平等的原则。债权人在偿债期限和减免债额的数量上也要作出一定的让步,给债务人创造一个有利于偿债的条件。如果通过讨论,债权人会议认为债务人提出的和解协议不能令债权人满意,或者已经债权人会议通过的和解协议未获得人民法院认可的,人民法院应当裁定终止和解程序并且宣告债务人破产。债务人不可以再申请和解。

第一百条 【经人民法院裁定认可的和解协议的效力】经人民法院裁定认可的和解协议,对债务人和全体和解债权人均有约束力。

和解债权人是指人民法院受理破产申请时对债务人享有无财产担保债权的人。

和解债权人未依照本法规定申报债权的,在和解协议执行期间不得行使权利;在和解协议执行完毕后,可以按照和解协议规定的清偿条件行使权利。

条文注释

本条是关于经人民法院裁定认可的和解协议的效力的规定。

和解协议的生效,是指和解协议开始发生法律约束力。经人民

第九章 和 解

法院裁定认可的和解协议,对债务人和全体和解债权人均有约束力。在破产和解的情境下,法律要求债权人依照规定申报债权。如果和解债权人没有按照法律规定的程序申报债权,那么在和解协议执行期间,这些债权人是被限制行使权利的。

这主要是考虑到和解协议是债务人和已经申报债权的债权人之间达成的一种债务安排。在执行期间,需要按照既定的安排来进行债务清偿等操作,未申报债权的债权人此时介入可能会打乱和解程序的正常秩序。但值得注意的是,和解协议对于在和解协议生效后发生的新债权不发生效力,新债权人可以在和解协议外请求法院个别执行。

第一百零一条 【不受和解协议影响的人员】和解债权人对债务人的保证人和其他连带债务人所享有的权利,不受和解协议的影响。

条文注释

本条是关于和解协议的成立不影响债权人对于债务人的保证人和其他连带债务人享有的权利的规定。

所谓债务人的保证人,是指基于其和债权人的约定,当债务人不履行其债务时,按照约定代债务人履行债务或承担民事责任的人。所谓连带债务,是指具有连带关系的多数债务人所承担的债务,任何一个债务人都有义务向债权人履行全部义务。在连带债务的履行中,连带债务人中一人或数人破产时,债权人既可以向未陷于破产程序的连带债务人主张债权,也可以以其债权申报破产财产参加分配。当一个连带债务人以其债权抵销债权人的债务时,债权消灭,各连带债务人的连带债务也随之消灭。本条规定,和解协议对债务人的保证人或连带债务人无效。因为一方面,和解协议是债权人因债务人无偿还全部债务的能力,无法履行全部债权的追偿权的情况下签订的;另一方面,如依和解协议的条件减免保证人或连带债务人的清偿责任,必然造成当债务人设有保证人与连带债务人的情况下,债权人因和解将使其受偿减少而极力反对和解,不利于和解制度的实施，反而对债务人有不利影响。因此，在破产和解问题上，债权人对债务人所作的债务减免或延期偿还的让步，效力不及于其保证人或连带债务人。

第一百零二条 【按照和解协议清偿债务】债务人应当按照和解协议规定的条件清偿债务。

条文注释

本条是关于债务人按和解协议清偿的义务的规定。

所谓和解协议，是债务人与债权人会议经双方让步达成的协议。和解协议的达成是经债权人会议通过、人民法院裁定后，才能够正式生效的具有法律效力的文件。和解协议一经达成，其无论对债权人还是债务人以及其他相关人员都有约束力。人民法院一经裁定认可和解程序之后，管理人即会向债务人移交财产及营业事务，其生产经营活动及对债务的清偿则由债务人自行主持，债务人要对企业的运营策略、资金使用、市场拓展等方面作出决策，并且要按照和解协议规定的条件清偿债务。

第一百零三条 【和解协议无效的情形及后果】因债务人的欺诈或者其他违法行为而成立的和解协议，人民法院应当裁定无效，并宣告债务人破产。

有前款规定情形的，和解债权人因执行和解协议所受的清偿，在其他债权人所受清偿同等比例的范围内，不予返还。

条文注释

本条是关于因债务人欺诈行为所达成的和解协议无效的规定。

所谓债务人的欺诈行为，是指债务人违反诚实信用原则，以提供虚假情况和隐瞒主要事实等手段骗取债权人信任的行为。债务人有上述情形，被视为和解协议中的欺诈行为，所成立的和解协议无效。但在和解协议被法院宣布无效前，债务人按照和解协议已经实施的清偿给付，只要其在和解协议所规定的清偿比例的范围内，没有超出债权人所应得的份额,给付仍然有效,受领给付的债权人不负返还义务。"人民法院应当裁定无效,并宣告债务人破产",是指法院应当作出和解协议无效的裁定,该裁定一旦作出,和解程序立即终止;恢复进入破产清算程序,此时法院必须宣告原和解申请人(债务人)破产。

第一百零四条 【终止和解协议执行的情形及后果】债务人不能执行或者不执行和解协议的,人民法院经和解债权人请求,应当裁定终止和解协议的执行,并宣告债务人破产。

人民法院裁定终止和解协议执行的,和解债权人在和解协议中作出的债权调整的承诺失去效力。和解债权人因执行和解协议所受的清偿仍然有效,和解债权未受清偿的部分作为破产债权。

前款规定的债权人,只有在其他债权人同自己所受的清偿达到同一比例时,才能继续接受分配。

有本条第一款规定情形的,为和解协议的执行提供的担保继续有效。

条文注释

本条是关于债务人不能执行或者不执行和解协议时如何处理的规定。

债务人不执行和解协议的行为包括:(1)拒绝执行和解协议;(2)迟延执行和解协议;(3)给予个别和解债权人以和解协议规定外的特殊利益;(4)转移财产、隐匿或者私分财产、毁弃账簿或者有关财产文件;(5)非正常压价出售财产,或者放弃自己的债权的;(6)对和解协议生效前无财产担保的债务提供财产担保的;(7)违反和解协议提前清偿个别和解债务,或者对未到期的其他债务提前清偿的;(8)其他违反法定义务的行为,包括债务人拒绝应债权人要求陈述和解协议执行情况的等。和解协议本身是债务人为避免破产清算,而与债权人会议达成以让步的方法了结债务的协议。第三人为和解协议的成立和执行提供的担保,其目的就是保证债务人依照和解协议对债权人实行清偿。当债务人不按或者不能按和解协议规定的条件清偿债务时,为和解协议提供担保的第三人应依法承担其担保责任。

关联法规

《最高人民法院关于审理企业破产案件若干问题的规定》第27、32条

第一百零五条 【因自行达成协议的破产终结】 人民法院受理破产申请后,债务人与全体债权人就债权债务的处理自行达成协议的,可以请求人民法院裁定认可,并终结破产程序。

条文注释

本条是关于债务人与债权人自行达成协议时破产案件终结的规定。

为鼓励债权人与债务人自主解决问题,减少破产费用的支出,使债务人能最大限度地就其财产对债权人进行清偿。债务人经全体债权人一致同意就债权债务的处理自行达成协议的,没有必要再依破产或者和解程序继续进行下去,可以请求人民法院裁定认可协议,终结破产程序。债务人经全体债权人一致同意就债权债务的处理自行达成的协议,是一种民事和解,它不同于破产程序中的和解,破产程序中的和解是一种强制和解,只要债权人会议以法定多数通过债务人的和解协议,经法院认可后,不同意和解的少数债权人也要受和解协议的约束。本条中的债权人与债务人自行达成协议属于民事和解,必须是全体债权人一致同意,在此不适用少数服从多数的原则。

第一百零六条 【因和解协议减免的债务的清偿免除】 按照和解协议减免的债务,自和解协议执行完毕时起,债务人不再承担清偿责任。

条文注释

本条是关于按照和解协议减免的债务的效力的规定。

按照和解协议减免的债务,是根据债务人与债权人双方达成的协议,债权人作出一定的让步,使部分债务消灭的情况。这种消灭是债因免除而消失,即部分债务在客观上不再存在。这是债权人放弃债权,全部或部分终止债的关系,从而解除债务人所承担的义务。免除依债权人表示免除债务的意思而发生,免除的意思表示构成民事法律行为。免除发生债务绝对消灭的效力,即债务人的债务一经债权人免除,债的关系自行消灭。经放弃后的债权,不得再收回。债权人会议通过和解协议表示债权人已作出了减免债务的意思表示,已经具备了债务免除的效力。债务人按照和解协议的内容执行完毕,已经清偿了和解协议中规定的债务的数额,双方的债权债务关系已经消灭。

第十章 破产清算

第一节 破产宣告

第一百零七条 【破产宣告的后果】人民法院依照本法规定宣告债务人破产的,应当自裁定作出之日起五日内送达债务人和管理人,自裁定作出之日起十日内通知已知债权人,并予以公告。

债务人被宣告破产后,债务人称为破产人,债务人财产称为破产财产,人民法院受理破产申请时对债务人享有的债权称为破产债权。

条文注释

本条是关于宣告破产的告知程序以及破产人和破产财产的含义的规定。

所谓破产人,是指被宣告破产的债务人。所谓破产财产,是指被宣告破产的债务人的财产。即破产财产必须是破产人的财产,凡不属于此列,如代为他人保管的他人财产、破产人基于仓储、保管、加工承揽、委托交易、代销、借用、寄存、租赁等法律关系占有、使用的他人财产,都不能成为破产财产。所谓破产债权,是指人民法院受理破产申请时对债务人享有的债权。在债务人被宣告破产之后,这是认定与区分破产债权的界限。因此,破产债权是在进入破产清算程序后对破产人享有的债权的专有称谓。

关联法规

《全国法院破产审判工作会议纪要》第19、23、24、30条

《最高人民法院关于审理企业破产案件若干问题的规定》第35、38条

《最高人民法院关于适用〈中华人民共和国公司法〉若干问题的规定(二)》第17条

第一百零八条 【破产宣告前裁定终结程序的情形】破产宣告前,有下列情形之一的,人民法院应当裁定终结破产程序,并予以公告:

(一)第三人为债务人提供足额担保或者为债务人清偿全部到期债务的;

(二)债务人已清偿全部到期债务的。

条文注释

本条是关于破产宣告前终结破产程序的规定。

破产程序已启动(已经开始),在人民法院宣告债务人破产之前,如果存在或发生了本条规定的情形,使破产原因消失的,法院应当裁定终结破产程序。终结破产程序,使破产程序归于结束,解决的是诉讼程序上的问题,并不解决权利义务关系,法院应当用裁定判定。同时该裁定也应当予以公告。

关联法规

《最高人民法院关于适用〈中华人民共和国公司法〉若干问题的规定（二）》第8、21条

第一百零九条 【担保权人的优先受偿权】对破产人的特定财产享有担保权的权利人，对该特定财产享有优先受偿的权利。

条文注释

本条是关于对担保债权进行优先清偿的规定。

担保是法定保障债务履行的方式，破产人特定财产上依法设定的担保的效力，不受破产的影响，仍然对该特定财产享有优先受偿的权利，如果经拍卖、出售或者按照国家规定的方式处理的价款，首先要用于清偿对其享有抵押权、质权或者留置权的人，之后如果还有剩余，该剩余部分才能被用于依法清偿破产人的其他债权人。对破产人的特定财产享有受偿权的人，除抵押权人、质权人、留置权人外，还包括享有法律规定的优先权的权利人。应当注意，本法规定，人民法院受理破产申请前1年内，涉及债务人财产的、对没有财产担保的债务提供财产担保的行为，管理人有权请求人民法院予以撤销。这条规定的目的是防止债务人对个别债权人进行偏袒性清偿。

关联法规

《全国法院破产审判工作会议纪要》第25条

《最高人民法院关于适用〈中华人民共和国公司法〉若干问题的规定（二）》第3条

《最高人民法院关于适用〈中华人民共和国公司法〉若干问题的规定（三）》第2条

第一百一十条 【优先受偿权与普通债权】享有本法第一百零九条规定权利的债权人行使优先受偿权利未能完全受偿的，其未受偿的债权作为普通债权；放弃优先受偿权利的，其债权作为普通债权。

条文注释

本条是关于享有优先受偿权的债权未能完全受偿或者权利人放弃优先受偿权时如何处理的规定。

对享有优先受偿权的债权未能完全受偿时的处理。按照本法关于破产清偿顺序的规定,破产财产首先应当清偿破产人所欠职工的工资和医疗、伤残补助、抚恤费用,所欠的应当划入职工个人账户的基本养老保险、基本医疗保险费用,以及法律、行政法规规定应当支付给职工的补偿金,其次应当清偿破产人欠缴的第一顺位以外的社会保险费用和破产人所欠税款,最后才是清偿普通破产债权。

对放弃优先受偿权的债权人的债权处理。享有某种权利的人既可以积极地行使其权利,也可以消极地放弃其权利。享有优先受偿权的债权人放弃其优先受偿权后,该债权人就不再对破产人的特定财产享有先于其他债权人受到清偿的权利。但放弃优先受偿权并不意味着自动放弃债权,此时债权仍然存在,该债权依照本条的规定作为普通债权。在破产清偿程序中,作为第三顺位的普通破产债权清偿。

第二节 变价和分配

第一百一十一条 【破产财产变价方案】管理人应当及时拟订破产财产变价方案,提交债权人会议讨论。

管理人应当按照债权人会议通过的或者人民法院依照本法第六十五条第一款规定裁定的破产财产变价方案,适时变价出售破产财产。

条文注释

本条是关于破产财产变价方案的规定。

拟订破产财产的变价方案以及根据方案变现破产企业的现有财产就成为分配破产财产的前提。本条对破产财产变价方案的拟订以及管理人应当依照破产财产变价方案适时变价出售破产财产作了规定,共两款。第1款是对拟订破产财产变价方案的规定,应当明确:第一,管理人必须及时地拟订破产财产的变价方案;第二,破产财产变价方案必须经债权人会议讨论通过。第2款是对管理人应当依照破产财产变价方案适时变价出售破产财产的规定,可以明确三点:一是管理人是破产财产变价方案的执行主体,依照破产财产变价方案适时变价出售破产财产是管理人的法定职责;二是管理人变价出售破产财产必须依照破产财产变价方案;三是管理人变价出售破产财产必须适时。

关联法规

《最高人民法院关于适用〈中华人民共和国公司法〉若干问题的规定(三)》第15条

> **第一百一十二条 【变价出售破产财产】**变价出售破产财产应当通过拍卖进行。但是,债权人会议另有决议的除外。
>
> 破产企业可以全部或者部分变价出售。企业变价出售时,可以将其中的无形资产和其他财产单独变价出售。
>
> 按照国家规定不能拍卖或者限制转让的财产,应当按照国家规定的方式处理。

条文注释

本条是关于破产财产变价出售的规定。

变价出售破产财产应当以实现破产财产的最大价值从而最大限度地使债权人的债权得到清偿为出发点和归宿点。为了规范破产财产的变价出售行为,保护各当事人的权益,本条对破产财产的变价出售作了规定。第1款是对变价出售破产财产方式的规定;第2款是对整体变价出售或者部分变价出售的规定;第3款是对特殊财产的处理的规定。

第一百一十三条 【破产财产的清偿顺序】破产财产在优先清偿破产费用和共益债务后,依照下列顺序清偿:

(一)破产人所欠职工的工资和医疗、伤残补助、抚恤费用,所欠的应当划入职工个人账户的基本养老保险、基本医疗保险费用,以及法律、行政法规规定应当支付给职工的补偿金;

(二)破产人欠缴的除前项规定以外的社会保险费用和破产人所欠税款;

(三)普通破产债权。

破产财产不足以清偿同一顺序的清偿要求的,按照比例分配。

破产企业的董事、监事和高级管理人员的工资按照该企业职工的平均工资计算。

条文注释

本条是关于债权清偿顺序的规定。

破产企业的债权清偿顺序是指将破产企业的破产财产分配给债权人的先后次序。债权清偿顺序关系破产案件的各方当事人特别是债权人的利益,破产法必须予以明确。本条第1款是对债权清偿顺序的规定。本条第2款是对债权清偿按比例清偿的规定。债权清偿按比例清偿,是指破产财产不足以清偿同一顺序的清偿要求时,按照各债权额在该顺序中占债权总额的比例进行分配的清偿方法。本条第3款是对破产企业的董事、监事和高级管理人员的工资计算的规定。

关联法规

《全国法院破产审判工作会议纪要》第27、28、36、39条

《最高人民法院关于适用〈中华人民共和国公司法〉若干问题的规定(三)》第2条

《最高人民法院关于刑事裁判涉财产部分执行的若干规定》第13条

第十章　破产清算

第一百一十四条 【破产财产的分配方式】破产财产的分配应当以货币分配方式进行。但是，债权人会议另有决议的除外。

条文注释

本条是关于破产财产分配方式的规定。

破产财产的分配是指管理人将破产财产变价处理后所得价款和无法变现的破产财产依法分配给债权人的活动。应当注意：一是为了在债权人之间实现债权公平受偿，应当尽最大可能地变现破产财产，以便在分配破产财产时尽可能多地以金钱形式进行分配；二是在不得不以其他分配方式分配破产财产时，必须对实物进行客观评估、公正作价，在进行债权分配时，必须确认债权的真实并出具债权凭证以便接受债权分配的债权人实现其债权；三是实物分配和债权分配在价值上必须与债权人的债权额相当，即不足的，应当以其他破产财产补足债权额，超过债权额的，应当由债权人支付超过的额度。

第一百一十五条 【破产财产分配方案】管理人应当及时拟订破产财产分配方案，提交债权人会议讨论。

破产财产分配方案应当载明下列事项：

（一）参加破产财产分配的债权人名称或者姓名、住所；

（二）参加破产财产分配的债权额；

（三）可供分配的破产财产数额；

（四）破产财产分配的顺序、比例及数额；

（五）实施破产财产分配的方法。

债权人会议通过破产财产分配方案后，由管理人将该方案提请人民法院裁定认可。

条文注释

本条是关于破产财产分配方案的规定。

破产财产分配方案是指如何将破产财产用于对破产债权进行清偿的说明性文件,它是管理人分配破产财产时的基础和依据。破产财产分配方案关系债权人的债权能否以及在多大程度上得以实现。为了规范破产财产分配,保护债权人的合法权益,本条对破产财产分配方案作了规定。第 1 款是对破产财产分配方案的制作主体的规定;第 2 款是对破产财产分配方案的内容的规定;第 3 款是对人民法院确认破产财产分配方案的规定。所谓破产财产分配方案的确认,是指破产财产分配方案经债权人会议依法表决通过后,再经由人民法院裁定认可该分配方案的程序。

关联法规

《最高人民法院关于审理企业破产案件若干问题的规定》第 93 条

第一百一十六条 【对破产财产分配方案的执行】 破产财产分配方案经人民法院裁定认可后,由管理人执行。

管理人按照破产财产分配方案实施多次分配的,应当公告本次分配的财产额和债权额。管理人实施最后分配的,应当在公告中指明,并载明本法第一百一十七条第二款规定的事项。

条文注释

本条是关于实施破产财产分配方案的规定。

实施破产财产分配方案、清偿债权人的债权是破产程序的终极目的。本条分别对破产财产分配方案的实施主体、破产财产分配次数以及多次分配作了规定。

本条第 1 款是对破产财产分配方案的实施主体的规定。管理人必须依法履行职责,执行具有法律效力的破产财产分配方案。如果管理人违法、失职造成债权人或者其他第三人利益的损失,管理人应当依法承担法律责任。

本条第 2 款是对破产财产分配次数的规定。破产财产分配的次数是指管理人将现有破产财产清偿破产债权分几次进行。

本条第 3 款是对多次分配的规定。需要明确:一是实施多次分配时,管理人必须将每次分配的财产数额和破产债权数额在分配公告中明确,即本次分配的破产财产种类、总额(包括货币、实物或者债权分配的数额)以及待清偿的债权人的债权数额;二是在最后分配时,在分配公告中还必须明确本次分配是最后一次分配,同时由于破产债权中可能存在附条件的债权,而附条件债权的债权效力是待定的,因此如果存在附条件债权,最后分配公告还应当就附条件债权的情况作出说明。

关联法规

《最高人民法院关于审理企业破产案件若干问题的规定》第92条

第一百一十七条 【对附条件债权分配额的提存】对于附生效条件或者解除条件的债权,管理人应当将其分配额提存。

管理人依照前款规定提存的分配额,在最后分配公告日,生效条件未成就或者解除条件成就的,应当分配给其他债权人;在最后分配公告日,生效条件成就或者解除条件未成就的,应当交付给债权人。

条文注释

本条是关于附条件债权的清偿的规定。

所谓附条件债权,是指债权的成立与所附条件成立与否有内在联系的、债权效力待定的债权。

本条第1款是对附条件债权分配的规定。根据本款的规定,管理人在分配破产财产时,必须将附条件债权的分配额提存,以便债权成立时用以交付附条件债权的债权人。所谓提存,是指将财产或者标的交由有关当事人或者部门予以保留或者保管,以期清偿债务的法律行为。提存可以是直接提取实物,也可以是货币,也可以将提取的实物进行变卖以货币的形式提存。对于提存的费用,由被提存人支付。

本条第2款是对附条件债权分配额的处理的规定。根据本款的规定,可以明确两点:一是附条件债权的生效截至日期是最后分配公告日;二是对于管理人依法为附条件债权提存的破产财产分配份额的处理。应当注意区分两种情形：对于第一种情形，由于债权最终不能成立，管理人提存的破产财产分配份额应当在真正的债权人间进行再分配；对于第二种情形，由于债权最终成立，管理人提存的破产财产分配份额应当交付给该附条件债权的债权人。

第一百一十八条 【对债权人未受领分配额的提存】债权人未受领的破产财产分配额，管理人应当提存。债权人自最后分配公告之日起满二个月仍不领取的，视为放弃受领分配的权利，管理人或者人民法院应当将提存的分配额分配给其他债权人。

【条文注释】
本条是关于未受领的破产财产分配额的处理的规定。

根据本条的规定，债权人无论出于何种原因不能出席破产财产分配会议领取分配给其的破产财产分配份额，管理人必须确保未受领破产财产分配额的债权人的合法利益，必须依法将属于该债权人的分配额提存。提存可以以货币形式进行，可以以实物形式进行，也可以以债权分配的方式进行。未受领破产财产分配额的债权人应当在最后分配公告日起2个月内前来领取破产财产分配额，如果司法破产程序仍未结束，管理人仍然负责破产事宜，管理人应当将提存的该分配份额交付给债权人；如果司法破产程序已经终结，审理破产案件的人民法院应当负责将提存的破产财产分配份额交付给债权人；如果债权人自最后分配公告日起2个月内仍不领取其破产财产分配额的，法律规定视其放弃债权，提存的分配额将分配给其他债权人。

【关联法规】
《最高人民法院关于审理企业破产案件若干问题的规定》第95条

第一百一十九条 【对诉讼或仲裁未决债权分配额的提存】破产财产分配时,对于诉讼或者仲裁未决的债权,管理人应当将其分配额提存。自破产程序终结之日起满二年仍不能受领分配的,人民法院应当将提存的分配额分配给其他债权人。

<u>条文注释</u>

本条是关于未决债权的清偿的规定。

对于涉讼或者仲裁的法律效力未决的债权的清偿应当注意两点:第一,涉及诉讼或者仲裁的债权的法律效力虽然待定,但对该债权应视为破产债权,应当与其他破产财产平等对待,即依法将其分配额进行提存。如果将来债权得以确立即涉讼或者仲裁的债权经人民法院或者仲裁机构确认,债权人就有权就其债权要求破产企业予以清偿,管理人也应当将提存的分配额交付给该债权人;如果将来涉讼或者仲裁的债权经由人民法院或者仲裁机构裁决不成立,真正的债权人就有权要求对提存的分配额进行再分配,管理人也应当对提存的分配额在债权人间进行再分配。第二,涉讼或者仲裁的债权经由有关部门或者机构确认后,债权人应当及时受领其分配额。根据本条的规定,债权人必须自破产程序终结之日起两年内受领其分配额,如果自破产程序终结之日起 2 年内债权人不受领其分配额的,审理该破产案件的人民法院将会也必须将提存的分配额分配给其他债权人。

第三节 破产程序的终结

第一百二十条 【破产程序的终结情形】破产人无财产可供分配的,管理人应当请求人民法院裁定终结破产程序。

管理人在最后分配完结后,应当及时向人民法院提交破产财产分配报告,并提请人民法院裁定终结破产程序。

人民法院应当自收到管理人终结破产程序的请求之日起十五日内作出是否终结破产程序的裁定。裁定终结的,应当予以公告。

条文注释

本条是关于破产程序的终结情形的规定。

破产程序的终结,又称破产程序的终止,是指人民法院受理破产案件后,存在法律规定的事由时,由人民法院依法裁定终结破产程序,结束破产案件的审理。破产程序终结可以分为正常终结和非正常终结。正常终结,是指因破产财产分配完毕,破产程序的目的得以实现而终结破产程序;非正常终结,是指没有经过破产财产分配就终结破产程序,例如债务人能够按照和解协议清偿债务而终结破产程序,或者破产财产不足以清偿破产费用而终结破产程序等。本条是对债务人无财产可供分配和破产财产分配完毕而导致破产程序终结的规定。本条第1款是对债务人无财产可供分配时应当终结破产程序的规定;本条第2款是对破产财产分配完毕时应当终结破产程序的规定;本条第3款是对人民法院裁定终结破产程序的规定。

关联法规

《全国法院破产审判工作会议纪要》第30条

《最高人民法院关于审理企业破产案件若干问题的规定》第91、96条

第一百二十一条 【注销登记】管理人应当自破产程序终结之日起十日内,持人民法院终结破产程序的裁定,向破产人的原登记机关办理注销登记。

条文注释

本条是关于注销破产人的工商登记的规定。

第十章　破产清算

通过办理注销登记，清理企业的法律地位，避免出现主体资格混乱的情况。破产程序终结后，由管理人向破产人的原登记机关办理企业注销，这是管理人的法定职责。管理人办理破产人的企业注销登记工作时，应当注意两点：一是注销企业的工商登记工作应当自破产程序终结之日起 10 日内办理；二是管理人向破产人的原登记机关办理注销企业工商登记时，应当持有人民法院终结破产程序的裁定，并向登记机关出示。另外，根据有关的规定，管理人办理注销登记还应当向登记机关提交破产人的营业执照正副本、公安机关缴回破产人印章的回执、税务机关完税和注销税户的证明等。

关联法规

《公司法》第 37 条

《全国法院破产审判工作会议纪要》第 37 条

《最高人民法院关于审理企业破产案件若干问题的规定》第 97、99 条

第一百二十二条　【管理人执行职务的终止】管理人于办理注销登记完毕的次日终止执行职务。但是，存在诉讼或者仲裁未决情况的除外。

条文注释

本条是关于管理人终止执行职务的规定。

终止执行职务应当明确两点：一是管理人终止执行职务以办理完毕破产企业的工商登记注销手续为原则标志；二是存在诉讼或者仲裁未决情况时，管理人应当继续履行职务，不得终止执行职务。"但是，存在诉讼或者仲裁未决情况的除外"，是指如果存在诉讼或者仲裁未决情况的，管理人在依法办理破产人的工商企业登记的注销手续后，还应当继续履行职务，不得终止执行职务。

第一百二十三条　【破产终结后的追加分配】自破产程序依照本法第四十三条第四款或者第一百二十条的规定终结之

日起二年内，有下列情形之一的，债权人可以请求人民法院按照破产财产分配方案进行追加分配：

（一）发现有依照本法第三十一条、第三十二条、第三十三条、第三十六条规定应当追回的财产的；

（二）发现破产人有应当供分配的其他财产的。

有前款规定情形，但财产数量不足以支付分配费用的，不再进行追加分配，由人民法院将其上交国库。

条文注释

本条是关于破产财产的追加分配的规定。

破产财产的追加分配，是指自破产程序终结之日起2年内，发现可供分配的破产财产时，债权人请求并经人民法院认可后对追回的破产财产实行再分配。破产财产的追加分配体现了对债权人利益充分保护的精神，本条对破产财产的追加分配作了规定。本条第1款是对追加分配的情形的规定，第2款是对追加分配的限制性规定。

关联法规

《最高人民法院关于审理企业破产案件若干问题的规定》第97、99条

第一百二十四条　【破产终结后的继续清偿责任】破产人的保证人和其他连带债务人，在破产程序终结后，对债权人依照破产清算程序未受清偿的债权，依法继续承担清偿责任。

条文注释

本条是关于破产人的保证人和连带债务人的清偿责任的规定。

所谓保证，是一种债权担保制度，它是指当债务人不履行债务时，保证人按照约定或者依照法律的规定履行债务或者承担连带责任的行为。根据保证的内容和责任形式的不同，保证主要分为一般保证和连带保证两种。连带债务的产生可能是由于共同借款、共同侵权等多种原因。在破产程序中，若破产人无法清偿全部债务，其

他连带债务人也需对剩余债务负责。保证人和连带债务人可以通过多种方式承担清偿责任,如现金支付、资产转让、债务重组等。这一规定确保了债权人在破产程序中未能完全实现的债权仍有机会得到清偿,最大限度地保护了债权人的利益。

关联法规

《最高人民法院关于适用〈中华人民共和国企业破产法〉若干问题的规定(三)》第5条

《全国法院破产审判工作会议纪要》第31条

第十一章 法律责任

> **第一百二十五条 【董事、监事或者高级管理人员的责任追究】**企业董事、监事或者高级管理人员违反忠实义务、勤勉义务,致使所在企业破产的,依法承担民事责任。
>
> 有前款规定情形的人员,自破产程序终结之日起三年内不得担任任何企业的董事、监事、高级管理人员。

条文注释

本条是关于破产企业的董事、监事或者高级管理人员的民事责任和任职资格限制的规定。

本条第1款是对破产企业的有关责任人员依法应当承担民事责任的规定。忠实义务,是指公司董事、监事、高级管理人员在执行职务时,应当将公司与股东的利益放在首位,而不应将个人利益置于公司或股东利益之上,不得为自己或第三人谋取利益。勤勉义务,是指公司董事、监事、高级管理人员执行职务应当为公司的最大利益尽到管理者通常应有的合理注意。

本条第2款是对前款规定的人员应当承担在一定期限内不得在任何企业担任有关职务的规定。所谓资格限制,是指破产企业的法定代表人等有关责任人员在企业破产后的一定时间内甚至永久不得担任任何企业的某些经营管理职务或者从事某项工作的制度。它是一种行政法律责任形式,属于一种从业禁止。

关联法规

《公司法》第178、180条

《最高人民法院关于审理企业破产案件若干问题的规定》第103条

> **第一百二十六条 【债务人不列席债权人会议或不真实表述的法律责任】**有义务列席债权人会议的债务人的有关人员,经人民法院传唤,无正当理由拒不列席债权人会议的,人民法院可以拘传,并依法处以罚款。债务人的有关人员违反本法规定,拒不陈述、回答,或者作虚假陈述、回答的,人民法院可以依法处以罚款。

条文注释

本条是关于有配合协助义务的人员拒不履行法律义务的处理的规定。

债务人的有关人员通常包括债务人的法定代表人、财务负责人以及其他直接负责人员等。所谓拘传,是指人民法院派出法警强制将有关人员带至目的地的司法强制措施。罚款的数额通常由人民法院根据具体情况确定,考虑因素包括违法行为的性质、情节严重程度以及对债权人利益的影响等。

关联法规

《全国法院民商事审判工作会议纪要》第118条

> **第一百二十七条 【债务人不提交或提交不真实材料的法律责任】**债务人违反本法规定,拒不向人民法院提交或者提交不真实的财产状况说明、债务清册、债权清册、有关财务会计报告以及职工工资的支付情况和社会保险费用的缴纳情况的,人民法院可以对直接责任人员依法处以罚款。

第十一章 法律责任

> 债务人违反本法规定,拒不向管理人移交财产、印章和账簿、文书等资料的,或者伪造、销毁有关财产证据材料而使财产状况不明的,人民法院可以对直接责任人员依法处以罚款。

[条文注释]

本条是关于债务人拒不移交财产、拒不提交或者提交不真实的甚至销毁有关财务文件资料的处罚的规定。

债务人应当如实提交财产状况说明、债务清册、债权清册、有关财务会计报告以及职工工资支付情况和社会保险费用缴纳情况,这些材料对于法院和管理人全面了解债务人的经济状况至关重要。债务人还应当向管理人移交财产、印章和账簿、文书等资料。债务人拒不移交财产、拒不提交或者提交虚假的甚至销毁有关财务文件资料的,人民法院可以依据《民事诉讼法》等对直接责任人员依法处以罚款。直接责任人员通常包括债务人的法定代表人、实际控制人、董事、监事、高级管理人员等。这些人员在企业的经营管理中处于关键地位,对企业的财务状况和破产程序的进行负有直接责任。

[关联法规]

《最高人民法院关于适用〈中华人民共和国企业破产法〉若干问题的规定(一)》第6条

> **第一百二十八条 【债务人可撤销或无效行为的法律责任】**债务人有本法第三十一条、第三十二条、第三十三条规定的行为,损害债权人利益的,债务人的法定代表人和其他直接责任人员依法承担赔偿责任。

[关联法规]

《最高人民法院关于适用〈中华人民共和国企业破产法〉若干问题的规定(二)》第18条

《最高人民法院关于审理企业破产案件若干问题的规定》第100、101条

第一百二十九条 【债务人擅自离开住所地的法律责任】
债务人的有关人员违反本法规定，擅自离开住所地的，人民法院可以予以训诫、拘留，可以依法并处罚款。

【条文注释】

本条是关于债务人的有关人员擅自离开住所地的处罚的规定。

所谓"离开"，是指在破产程序处理期间，离开企业住所地，多数情形下是受理企业破产申请的法院所在地。所谓训诫，是指人民法院对妨害司法程序的人采取批评、教育并责令其改正，保证其不再违反的一种司法强制措施。拘留即司法拘留，是指人民法院对妨害司法程序的人予以强制关押，在一定期限内限制其人身自由的一种司法强制措施，是对行为情节严重的行为人而采取的一种较为严厉的司法强制措施。拘留应当由人民法院院长批准，拘留的期限为15日以下。依据《民事诉讼法》的规定，被拘留人可以向上一级人民法院申请复议一次，但复议期间不停止执行。拘留可以单独适用，也可以与罚款一并适用。

【关联法规】

《民事诉讼法》第118、119条

第一百三十条 【管理人未忠实执行职务的法律责任】 管理人未依照本法规定勤勉尽责，忠实执行职务的，人民法院可以依法处以罚款；给债权人、债务人或者第三人造成损失的，依法承担赔偿责任。

【条文注释】

本条是关于管理人的法律责任的规定。

管理人受人民法院指派接管破产企业，包括处理破产企业的内部事物，代理债务人处理外部营业事务，管理、处分和分配破产财产，在人民法院与债权人之间起到传输信息和协调关系的桥梁作用。在整个破产程序中，管理人处于中心地位，是起着重要作用的当事人。管理人未依照法律规定勤勉尽责,忠实执行职务的,人民法院可以处以罚款;给债权人、债务人、第三人造成损失的,应当承担赔偿责任。

关联法规

《全国法院民商事审判工作会议纪要》第116条

《最高人民法院关于适用〈中华人民共和国企业破产法〉若干问题的规定(二)》第9、33条

第一百三十一条 【刑事责任】违反本法规定,构成犯罪的,依法追究刑事责任。

条文注释

本条是关于有关人员违反本法规定构成犯罪应当依法追究刑事责任的规定。

本条的主体是在整个破产程序中,所有有关人员包括破产程序的参与人以及破产案件各方当事人。违反本法可能构成妨害清算罪、虚假破产罪、国有公司、企业、事业单位人员失职罪、国有公司、企业、事业单位人员滥用职权罪等。明确违反本法可能构成犯罪并追究刑事责任,有助于维护破产程序的正常秩序。这可以防止债务人、管理人及其他相关人员通过违法手段逃避债务、损害债权人利益,确保破产程序在法律的框架内进行。

关联法规

《刑法》第162、168条

《最高人民法院、最高人民检察院关于办理虚假诉讼刑事案件适用法律若干问题的解释》第1条

《最高人民法院、最高人民检察院关于办理渎职刑事案件适用法律若干问题的解释(一)》第8条

《最高人民法院关于审理企业破产案件若干问题的规定》第100、101条

第十二章　附　　则

第一百三十二条　【优先于担保权人受偿的费用】本法施行后，破产人在本法公布之日前所欠职工的工资和医疗、伤残补助、抚恤费用，所欠的应当划入职工个人账户的基本养老保险、基本医疗保险费用，以及法律、行政法规规定应当支付给职工的补偿金，依照本法第一百一十三条的规定清偿后不足以清偿的部分，以本法第一百零九条规定的特定财产优先于对该特定财产享有担保权的权利人受偿。

条文注释

本条是关于本法公布前，破产人所欠的职工劳动债权可以优先于担保债权受偿的规定。为了保障企业职工的利益，《企业破产法》规定了一个时间界限，即在法律公布之日前，破产人所欠职工的工资和医疗、伤残补助、抚恤费用，所欠的应当划入职工个人账户的基本养老保险、基本医疗保险费用，以及法律、行政法规规定应当支付给职工的补偿金，依照本法第113条的规定清偿后不足以清偿的部分，以本法第109条规定的特定财产优先于对该特定财产享有担保权的权利人受偿。也就是在2006年8月27日之前破产企业职工的劳动债权，按照正常的破产程序不能得到清偿的部分，可以在有担保的债权人之前受偿。

第一百三十三条　【本法施行前国有企业破产的法律适用】在本法施行前国务院规定的期限和范围内的国有企业实施破产的特殊事宜，按照国务院有关规定办理。

第一百三十四条 【金融机构破产的法律适用】商业银行、证券公司、保险公司等金融机构有本法第二条规定情形的,国务院金融监督管理机构可以向人民法院提出对该金融机构进行重整或者破产清算的申请。国务院金融监督管理机构依法对出现重大经营风险的金融机构采取接管、托管等措施的,可以向人民法院申请中止以该金融机构为被告或者被执行人的民事诉讼程序或者执行程序。

金融机构实施破产的,国务院可以依据本法和其他有关法律的规定制定实施办法。

条文注释

本条是关于金融机构破产如何实施的规定。

金融机构在经济体系中占据重要地位,其破产可能对金融市场稳定和经济发展产生重大影响。金融机构破产可以由国务院金融监督管理机构向人民法院提出申请;申请内容为重整或者破产清算两种。国务院金融监督管理机构依法对出现重大经营风险的金融机构采取接管、托管等措施的,可以向人民法院申请中止以该金融机构为被告或者被执行人的民事诉讼程序或者执行程序。具体政策性破产的实施办法方案,由国务院依据本法和其他有关法律的规定制定。

关联法规

《商业银行法》第68条

《证券法》第122条

第一百三十五条 【企业法人以外的组织的清算参照适用】其他法律规定企业法人以外的组织的清算,属于破产清算的,参照适用本法规定的程序。

第一百三十六条 【施行日期】本法自2007年6月1日起施行,《中华人民共和国企业破产法(试行)》同时废止。

附录

最高人民法院关于适用《中华人民共和国企业破产法》若干问题的规定(一)

(2011年8月29日最高人民法院审判委员会第1527次会议通过 2011年9月9日公布 法释〔2011〕22号 自2011年9月26日起施行)

为正确适用《中华人民共和国企业破产法》,结合审判实践,就人民法院依法受理企业破产案件适用法律问题作出如下规定。

第一条 债务人不能清偿到期债务并且具有下列情形之一的,人民法院应当认定其具备破产原因:
(一)资产不足以清偿全部债务;
(二)明显缺乏清偿能力。
相关当事人以对债务人的债务负有连带责任的人未丧失清偿能力为由,主张债务人不具备破产原因的,人民法院应不予支持。

第二条 下列情形同时存在的,人民法院应当认定债务人不能清偿到期债务:
(一)债权债务关系依法成立;
(二)债务履行期限已经届满;
(三)债务人未完全清偿债务。

第三条 债务人的资产负债表,或者审计报告、资产评估报告等显示其全部资产不足以偿付全部负债的,人民法院应当认定债务人资产不足以清偿全部债务,但有相反证据足以证明债务人资产能够偿付全部负债的除外。

第四条 债务人账面资产虽大于负债,但存在下列情形之一的,人民法院应当认定其明显缺乏清偿能力:

(一)因资金严重不足或者财产不能变现等原因,无法清偿债务;

(二)法定代表人下落不明且无其他人员负责管理财产,无法清偿债务;

(三)经人民法院强制执行,无法清偿债务;

(四)长期亏损且经营扭亏困难,无法清偿债务;

(五)导致债务人丧失清偿能力的其他情形。

第五条 企业法人已解散但未清算或者未在合理期限内清算完毕,债权人申请债务人破产清算的,除债务人在法定异议期限内举证证明其未出现破产原因外,人民法院应当受理。

第六条 债权人申请债务人破产的,应当提交债务人不能清偿到期债务的有关证据。债务人对债权人的申请未在法定期限内向人民法院提出异议,或者异议不成立的,人民法院应当依法裁定受理破产申请。

受理破产申请后,人民法院应当责令债务人依法提交其财产状况说明、债务清册、债权清册、财务会计报告等有关材料,债务人拒不提交的,人民法院可以对债务人的直接责任人员采取罚款等强制措施。

第七条 人民法院收到破产申请时,应当向申请人出具收到申请及所附证据的书面凭证。

人民法院收到破产申请后应当及时对申请人的主体资格、债务人的主体资格和破产原因,以及有关材料和证据等进行审查,并依据企业破产法第十条的规定作出是否受理的裁定。

人民法院认为申请人应当补充、补正相关材料的,应当自收到破产申请之日起五日内告知申请人。当事人补充、补正相关材料的期间不计入企业破产法第十条规定的期限。

第八条 破产案件的诉讼费用,应根据企业破产法第四十三条的规定,从债务人财产中拨付。相关当事人以申请人未预先交纳诉讼费用为由,对破产申请提出异议的,人民法院不予支持。

第九条 申请人向人民法院提出破产申请,人民法院未接收其申请,或者未按本规定第七条执行的,申请人可以向上一级人民法院提出破产申请。

上一级人民法院接到破产申请后,应当责令下级法院依法审查并及时作出是否受理的裁定;下级法院仍不作出是否受理裁定的,上一级人民法院可以径行作出裁定。

上一级人民法院裁定受理破产申请的,可以同时指令下级人民法院审理该案件。

最高人民法院关于适用《中华人民共和国企业破产法》若干问题的规定(二)

[2013年7月29日最高人民法院审判委员会第1586次会议通过、2013年9月5日公布、自2013年9月16日起施行(法释〔2013〕22号) 根据2020年12月23日最高人民法院审判委员会第1823次会议通过、2020年12月29日公布、自2021年1月1日起施行的《最高人民法院关于修改〈最高人民法院关于破产企业国有划拨土地使用权应否列入破产财产等问题的批复〉等二十九件商事类司法解释的决定》(法释〔2020〕18号)修正]

根据《中华人民共和国民法典》《中华人民共和国企业破产法》等相关法律,结合审判实践,就人民法院审理企业破产案件中认定债务人财产相关的法律适用问题,制定本规定。

第一条 除债务人所有的货币、实物外,债务人依法享有的可以用货币估价并可以依法转让的债权、股权、知识产权、用益物权等财产和财产权益,人民法院均应认定为债务人财产。

第二条 下列财产不应认定为债务人财产:

(一)债务人基于仓储、保管、承揽、代销、借用、寄存、租赁等合同或者其他法律关系占有、使用的他人财产;

（二）债务人在所有权保留买卖中尚未取得所有权的财产；
（三）所有权专属于国家且不得转让的财产；
（四）其他依照法律、行政法规不属于债务人的财产。

第三条 债务人已依法设定担保物权的特定财产，人民法院应当认定为债务人财产。

对债务人的特定财产在担保物权消灭或者实现担保物权后的剩余部分，在破产程序中可用以清偿破产费用、共益债务和其他破产债权。

第四条 债务人对按份享有所有权的共有财产的相关份额，或者共同享有所有权的共有财产的相应财产权利，以及依法分割共有财产所得部分，人民法院均应认定为债务人财产。

人民法院宣告债务人破产清算，属于共有财产分割的法定事由。人民法院裁定债务人重整或者和解的，共有财产的分割应当依据民法典第三百零三条的规定进行；基于重整或者和解的需要必须分割共有财产，管理人请求分割的，人民法院应予准许。

因分割共有财产导致其他共有人损害产生的债务，其他共有人请求作为共益债务清偿的，人民法院应予支持。

第五条 破产申请受理后，有关债务人财产的执行程序未依照企业破产法第十九条的规定中止的，采取执行措施的相关单位应当依法予以纠正。依法执行回转的财产，人民法院应当认定为债务人财产。

第六条 破产申请受理后，对于可能因有关利益相关人的行为或者其他原因，影响破产程序依法进行的，受理破产申请的人民法院可以根据管理人的申请或者依职权，对债务人的全部或者部分财产采取保全措施。

第七条 对债务人财产已采取保全措施的相关单位，在知悉人民法院已裁定受理有关债务人的破产申请后，应当依照企业破产法第十九条的规定及时解除对债务人财产的保全措施。

第八条 人民法院受理破产申请后至破产宣告前裁定驳回破产申请，或者依据企业破产法第一百零八条的规定裁定终结破产程序的，应当及时通知原已采取保全措施并已依法解除保全措施的单位按照原保全顺位恢复相关保全措施。

在已依法解除保全的单位恢复保全措施或者表示不再恢复之前,受理破产申请的人民法院不得解除对债务人财产的保全措施。

第九条 管理人依据企业破产法第三十一条和第三十二条的规定提起诉讼,请求撤销涉及债务人财产的相关行为并由相对人返还债务人财产的,人民法院应予支持。

管理人因过错未依法行使撤销权导致债务人财产不当减损,债权人提起诉讼主张管理人对其损失承担相应赔偿责任的,人民法院应予支持。

第十条 债务人经过行政清理程序转入破产程序的,企业破产法第三十一条和第三十二条规定的可撤销行为的起算点,为行政监管机构作出撤销决定之日。

债务人经过强制清算程序转入破产程序的,企业破产法第三十一条和第三十二条规定的可撤销行为的起算点,为人民法院裁定受理强制清算申请之日。

第十一条 人民法院根据管理人的请求撤销涉及债务人财产的以明显不合理价格进行的交易的,买卖双方应当依法返还从对方获取的财产或者价款。

因撤销该交易,对于债务人应返还受让人已支付价款所产生的债务,受让人请求作为共益债务清偿的,人民法院应予支持。

第十二条 破产申请受理前一年内债务人提前清偿的未到期债务,在破产申请受理前已经到期,管理人请求撤销该清偿行为的,人民法院不予支持。但是,该清偿行为发生在破产申请受理前六个月内且债务人有企业破产法第二条第一款规定情形的除外。

第十三条 破产申请受理后,管理人未依据企业破产法第三十一条的规定请求撤销债务人无偿转让财产、以明显不合理价格交易、放弃债权行为的,债权人依据民法典第五百三十八条、第五百三十九条等规定提起诉讼,请求撤销债务人上述行为并将因此追回的财产归入债务人财产的,人民法院应予受理。

相对人以债权人行使撤销权的范围超出债权人的债权抗辩的,人民法院不予支持。

第十四条 债务人对以自有财产设定担保物权的债权进行的个别清

偿,管理人依据企业破产法第三十二条的规定请求撤销的,人民法院不予支持。但是,债务清偿时担保财产的价值低于债权额的除外。

第十五条 债务人经诉讼、仲裁、执行程序对债权人进行的个别清偿,管理人依据企业破产法第三十二条的规定请求撤销的,人民法院不予支持。但是,债务人与债权人恶意串通损害其他债权人利益的除外。

第十六条 债务人对债权人进行的以下个别清偿,管理人依据企业破产法第三十二条的规定请求撤销的,人民法院不予支持:

(一)债务人为维系基本生产需要而支付水费、电费等的;

(二)债务人支付劳动报酬、人身损害赔偿金的;

(三)使债务人财产受益的其他个别清偿。

第十七条 管理人依据企业破产法第三十三条的规定提起诉讼,主张被隐匿、转移财产的实际占有人返还债务人财产,或者主张债务人虚构债务或者承认不真实债务的行为无效并返还债务人财产的,人民法院应予支持。

第十八条 管理人代表债务人依据企业破产法第一百二十八条的规定,以债务人的法定代表人和其他直接责任人员对所涉债务人财产的相关行为存在故意或者重大过失,造成债务人财产损失为由提起诉讼,主张上述责任人员承担相应赔偿责任的,人民法院应予支持。

第十九条 债务人对外享有债权的诉讼时效,自人民法院受理破产申请之日起中断。

债务人无正当理由未对其到期债权及时行使权利,导致其对外债权在破产申请受理前一年内超过诉讼时效期间的,人民法院受理破产申请之日起重新计算上述债权的诉讼时效期间。

第二十条 管理人代表债务人提起诉讼,主张出资人向债务人依法缴付未履行的出资或者返还抽逃的出资本息,出资人以认缴出资尚未届至公司章程规定的缴纳期限或者违反出资义务已经超过诉讼时效为由抗辩的,人民法院不予支持。

管理人依据公司法的相关规定代表债务人提起诉讼,主张公司的发起人和负有监督股东履行出资义务的董事、高级管理人员,或者协助抽逃出资的其他股东、董事、高级管理人员、实际控制人等,对股东违反出资义务或者抽逃出资承担相应责任，并将财产归入债务人财产的，人民法院应予支持。

第二十一条 破产申请受理前，债权人就债务人财产提起下列诉讼，破产申请受理时案件尚未审结的，人民法院应当中止审理：

（一）主张次债务人代替债务人直接向其偿还债务的；

（二）主张债务人的出资人、发起人和负有监督股东履行出资义务的董事、高级管理人员，或者协助抽逃出资的其他股东、董事、高级管理人员、实际控制人等直接向其承担出资不实或者抽逃出资责任的；

（三）以债务人的股东与债务人法人人格严重混同为由，主张债务人的股东直接向其偿还债务人对其所负债务的；

（四）其他就债务人财产提起的个别清偿诉讼。

债务人破产宣告后，人民法院应当依照企业破产法第四十四条的规定判决驳回债权人的诉讼请求。但是，债权人一审中变更其诉讼请求为追收的相关财产归入债务人财产的除外。

债务人破产宣告前，人民法院依据企业破产法第十二条或者第一百零八条的规定裁定驳回破产申请或者终结破产程序的，上述中止审理的案件应当依法恢复审理。

第二十二条 破产申请受理前，债权人就债务人财产向人民法院提起本规定第二十一条第一款所列诉讼，人民法院已经作出生效民事判决书或者调解书但尚未执行完毕的，破产申请受理后，相关执行行为应当依据企业破产法第十九条的规定中止，债权人应当依法向管理人申报相关债权。

第二十三条 破产申请受理后，债权人就债务人财产向人民法院提起本规定第二十一条第一款所列诉讼的，人民法院不予受理。

债权人通过债权人会议或者债权人委员会，要求管理人依法向次债务人、债务人的出资人等追收债务人财产，管理人无正当理由拒绝追收，债权人会议依据企业破产法第二十二条的规定，申请人民法院更换管理人的，人民法院应予支持。

管理人不予追收，个别债权人代表全体债权人提起相关诉讼，主张次债务人或者债务人的出资人等向债务人清偿或者返还债务人财产，或者依法申请合并破产的,人民法院应予受理。

第二十四条 债务人有企业破产法第二条第一款规定的情形时,债务人的董事、监事和高级管理人员利用职权获取的以下收入,人民法院应当认定为企业破产法第三十六条规定的非正常收入:

(一)绩效奖金;

(二)普遍拖欠职工工资情况下获取的工资性收入;

(三)其他非正常收入。

债务人的董事、监事和高级管理人员拒不向管理人返还上述债务人财产,管理人主张上述人员予以返还的,人民法院应予支持。

债务人的董事、监事和高级管理人员因返还第一款第(一)项、第(三)项非正常收入形成的债权,可以作为普通破产债权清偿。因返还第一款第(二)项非正常收入形成的债权,依据企业破产法第一百一十三条第三款的规定,按照该企业职工平均工资计算的部分作为拖欠职工工资清偿;高出该企业职工平均工资计算的部分,可以作为普通破产债权清偿。

第二十五条 管理人拟通过清偿债务或者提供担保取回质物、留置物,或者与质权人、留置权人协议以质物、留置物折价清偿债务等方式,进行对债权人利益有重大影响的财产处分行为的,应当及时报告债权人委员会。未设立债权人委员会的,管理人应当及时报告人民法院。

第二十六条 权利人依据企业破产法第三十八条的规定行使取回权,应当在破产财产变价方案或者和解协议、重整计划草案提交债权人会议表决前向管理人提出。权利人在上述期限后主张取回相关财产的,应当承担延迟行使取回权增加的相关费用。

第二十七条 权利人依据企业破产法第三十八条的规定向管理人主张取回相关财产,管理人不予认可,权利人以债务人为被告向人民法院提起诉讼请求行使取回权的,人民法院应予受理。

权利人依据人民法院或者仲裁机关的相关生效法律文书向管理人主张取回所涉争议财产,管理人以生效法律文书错误为由拒绝其行使取回权的,人民法院不予支持。

第二十八条 权利人行使取回权时未依法向管理人支付相关的加工

费、保管费、托运费、委托费、代销费等费用，管理人拒绝其取回相关财产的，人民法院应予支持。

第二十九条 对债务人占有的权属不清的鲜活易腐等不易保管的财产或者不及时变现价值将严重贬损的财产，管理人及时变价并提存变价款后，有关权利人就该变价款行使取回权的，人民法院应予支持。

第三十条 债务人占有的他人财产被违法转让给第三人，依据民法典第三百一十一条的规定第三人已善意取得财产所有权，原权利人无法取回该财产的，人民法院应当按照以下规定处理：

（一）转让行为发生在破产申请受理前的，原权利人因财产损失形成的债权，作为普通破产债权清偿；

（二）转让行为发生在破产申请受理后的，因管理人或者相关人员执行职务导致原权利人损害产生的债务，作为共益债务清偿。

第三十一条 债务人占有的他人财产被违法转让给第三人，第三人已向债务人支付了转让价款，但依据民法典第三百一十一条的规定未取得财产所有权，原权利人依法追回转让财产的，对因第三人已支付对价而产生的债务，人民法院应当按照以下规定处理：

（一）转让行为发生在破产申请受理前的，作为普通破产债权清偿；

（二）转让行为发生在破产申请受理后的，作为共益债务清偿。

第三十二条 债务人占有的他人财产毁损、灭失，因此获得的保险金、赔偿金、代偿物尚未交付给债务人，或者代偿物虽已交付给债务人但能与债务人财产予以区分的，权利人主张取回就此获得的保险金、赔偿金、代偿物的，人民法院应予支持。

保险金、赔偿金已经交付给债务人，或者代偿物已经交付给债务人且不能与债务人财产予以区分的，人民法院应当按照以下规定处理：

（一）财产毁损、灭失发生在破产申请受理前的，权利人因财产损失形成的债权，作为普通破产债权清偿；

（二）财产毁损、灭失发生在破产申请受理后的，因管理人或者相关人员执行职务导致权利人损害产生的债务，作为共益债务清偿。

债务人占有的他人财产毁损、灭失，没有获得相应的保险金、赔偿金、代偿物，或者保险金、赔偿物、代偿物不足以弥补其损失的部分，人民法院应当按照本条第二款的规定处理。

第三十三条 管理人或者相关人员在执行职务过程中,因故意或者重大过失不当转让他人财产或者造成他人财产毁损、灭失,导致他人损害产生的债务作为共益债务,由债务人财产随时清偿不足弥补损失,权利人向管理人或者相关人员主张承担补充赔偿责任的,人民法院应予支持。

上述债务作为共益债务由债务人财产随时清偿后,债权人以管理人或者相关人员执行职务不当导致债务人财产减少给其造成损失为由提起诉讼,主张管理人或者相关人员承担相应赔偿责任的,人民法院应予支持。

第三十四条 买卖合同双方当事人在合同中约定标的物所有权保留,在标的物所有权未依法转移给买受人前,一方当事人破产的,该买卖合同属于双方均未履行完毕的合同,管理人有权依据企业破产法第十八条的规定决定解除或者继续履行合同。

第三十五条 出卖人破产,其管理人决定继续履行所有权保留买卖合同的,买受人应当按照原买卖合同的约定支付价款或者履行其他义务。

买受人未依约支付价款或者履行完毕其他义务,或者将标的物出卖、出质或者作出其他不当处分,给出卖人造成损害,出卖人管理人依法主张取回标的物的,人民法院应予支持。但是,买受人已经支付标的物总价款百分之七十五以上或者第三人善意取得标的物所有权或者其他物权的除外。

因本条第二款规定未能取回标的物,出卖人管理人依法主张买受人继续支付价款、履行完毕其他义务,以及承担相应赔偿责任的,人民法院应予支持。

第三十六条 出卖人破产,其管理人决定解除所有权保留买卖合同,并依据企业破产法第十七条的规定要求买受人向其交付买卖标的物的,人民法院应予支持。

买受人以其不存在未依约支付价款或者履行完毕其他义务,或者将标的物出卖、出质或者作出其他不当处分情形抗辩的,人民法院不予支持。

买受人依法履行合同义务并依据本条第一款将买卖标的物交付出卖人管理人后,买受人已支付价款损失形成的债权作为共益债务清偿。但是,买受人违反合同约定,出卖人管理人主张上述债权作为普通破产债权清偿的,人民法院应予支持。

第三十七条 买受人破产,其管理人决定继续履行所有权保留买卖合同的,原买卖合同中约定的买受人支付价款或者履行其他义务的期限在破产申请受理时视为到期,买受人管理人应当及时向出卖人支付价款或者履行其他义务。

买受人管理人无正当理由未及时支付价款或者履行完毕其他义务,或者将标的物出卖、出质或者作出其他不当处分,给出卖人造成损害,出卖人依据民法典第六百四十一条等规定主张取回标的物的,人民法院应予支持。但是,买受人已支付标的物总价款百分之七十五以上或者第三人善意取得标的物所有权或者其他物权的除外。

因本条第二款规定未能取回标的物,出卖人依法主张买受人继续支付价款、履行完毕其他义务,以及承担相应赔偿责任的,人民法院应予支持。对因买受人未支付价款或者未履行完毕其他义务,以及买受人管理人将标的物出卖、出质或者作出其他不当处分导致出卖人损害产生的债务,出卖人主张作为共益债务清偿的,人民法院应予支持。

第三十八条 买受人破产,其管理人决定解除所有权保留买卖合同,出卖人依据企业破产法第三十八条的规定主张取回买卖标的物的,人民法院应予支持。

出卖人取回买卖标的物,买受人管理人主张出卖人返还已支付价款的,人民法院应予支持。取回的标的物价值明显减少给出卖人造成损失的,出卖人可从买受人已支付价款中优先予以抵扣后,将剩余部分返还给买受人;对买受人已支付价款不足以弥补出卖人标的物价值减损损失形成的债权,出卖人主张作为共益债务清偿的,人民法院应予支持。

第三十九条 出卖人依据企业破产法第三十九条的规定,通过通知承运人或者实际占有人中止运输、返还货物、变更到达地,或者将货物交给其他收货人等方式,对在运途中标的物主张了取回权但未能实现,或者在货物未达管理人前已向管理人主张取回在运途中标的物,在买卖标的物到达管理人后,出卖人向管理人主张取回的,管理人应予准许。

出卖人对在运途中标的物未及时行使取回权,在买卖标的物到达管理人后向管理人行使在运途中标的物取回权的,管理人不应准许。

第四十条 债务人重整期间,权利人要求取回债务人合法占有的权利人的财产,不符合双方事先约定条件的,人民法院不予支持。但是,因管理人或者自行管理的债务人违反约定,可能导致取回物被转让、毁损、灭失或者价值明显减少的除外。

第四十一条 债权人依据企业破产法第四十条的规定行使抵销权,应当向管理人提出抵销主张。

管理人不得主动抵销债务人与债权人的互负债务,但抵销使债务人财产受益的除外。

第四十二条 管理人收到债权人提出的主张债务抵销的通知后,经审查无异议的,抵销自管理人收到通知之日起生效。

管理人对抵销主张有异议的,应当在约定的异议期限内或者自收到主张债务抵销的通知之日起三个月内向人民法院提起诉讼。无正当理由逾期提起的,人民法院不予支持。

人民法院判决驳回管理人提起的抵销无效诉讼请求的,该抵销自管理人收到主张债务抵销的通知之日起生效。

第四十三条 债权人主张抵销,管理人以下列理由提出异议的,人民法院不予支持:

(一)破产申请受理时,债务人对债权人负有的债务尚未到期;

(二)破产申请受理时,债权人对债务人负有的债务尚未到期;

(三)双方互负债务标的物种类、品质不同。

第四十四条 破产申请受理前六个月内,债务人有企业破产法第二条第一款规定的情形,债务人与个别债权人以抵销方式对个别债权人清偿,其抵销的债权债务属于企业破产法第四十条第(二)、(三)项规定的情形之一,管理人在破产申请受理之日起三个月内向人民法院提起诉讼,主张该抵销无效的,人民法院应予支持。

第四十五条 企业破产法第四十条所列不得抵销情形的债权人,主张以其对债务人特定财产享有优先受偿权的债权,与债务人对其不享有优先受偿权的债权抵销,债务人管理人以抵销存在企业破产法第四十条规定的情形提出异议的,人民法院不予支持。但是,用以抵销的债权大于债权人享有优先受偿权财产价值的除外。

第四十六条 债务人的股东主张以下列债务与债务人对其负有的债务抵销,债务人管理人提出异议的,人民法院应予支持:

(一)债务人股东因欠缴债务人的出资或者抽逃出资对债务人所负的债务;

(二)债务人股东滥用股东权利或者关联关系损害公司利益对债务人所负的债务。

第四十七条 人民法院受理破产申请后,当事人提起的有关债务人的民事诉讼案件,应当依据企业破产法第二十一条的规定,由受理破产申请的人民法院管辖。

受理破产申请的人民法院管辖的有关债务人的第一审民事案件,可以依据民事诉讼法第三十八条的规定,由上级人民法院提审,或者报请上级人民法院批准后交下级人民法院审理。

受理破产申请的人民法院,如对有关债务人的海事纠纷、专利纠纷、证券市场因虚假陈述引发的民事赔偿纠纷等案件不能行使管辖权的,可以依据民事诉讼法第三十七条的规定,由上级人民法院指定管辖。

第四十八条 本规定施行前本院发布的有关企业破产的司法解释,与本规定相抵触的,自本规定施行之日起不再适用。

最高人民法院关于适用《中华人民共和国企业破产法》若干问题的规定(三)

[2019年2月25日最高人民法院审判委员会第1762次会议通过、2019年3月27日公布、自2019年3月28日起施行(法释〔2019〕3号) 根据2020年12月23日最高人民法院审判委员会第1823次会议通过、2020年12月29日公布、自2021年1月1日起施行的《最高人民法院关于修改〈最高人民法院关于破产企业国有划拨土地使用权应否列入破产财产等问题的批复〉等二十九件商事类司法解释的决定》(法释〔2020〕18号)修正]

为正确适用《中华人民共和国企业破产法》,结合审判实践,就人民法院审理企业破产案件中有关债权人权利行使等相关法律适用问题,制定本规定。

第一条 人民法院裁定受理破产申请的,此前债务人尚未支付的公司强制清算费用、未终结的执行程序中产生的评估费、公告费、保管费等执行费用,可以参照企业破产法关于破产费用的规定,由债务人财产随时清偿。

此前债务人尚未支付的案件受理费、执行申请费,可以作为破产债权清偿。

第二条 破产申请受理后,经债权人会议决议通过,或者第一次债权人会议召开前经人民法院许可,管理人或者自行管理的债务人可以为债务人继续营业而借款。提供借款的债权人主张参照企业破产法第四十二条第四项的规定优先于普通破产债权清偿的,人民法院应予支持,但其主张优先于此前已就债务人特定财产享有担保的债权清偿的,人民法院不予支持。

管理人或者自行管理的债务人可以为前述借款设定抵押担保,抵押物在破产申请受理前已为其他债权人设定抵押的,债权人主张按照民法典第四百一十四条规定的顺序清偿,人民法院应予支持。

第三条 破产申请受理后,债务人欠缴款项产生的滞纳金,包括债务人未履行生效法律文书应当加倍支付的迟延利息和劳动保险金的滞纳金,债权人作为破产债权申报的,人民法院不予确认。

第四条 保证人被裁定进入破产程序的,债权人有权申报其对保证人的保证债权。

主债务未到期的,保证债权在保证人破产申请受理时视为到期。一般保证的保证人主张行使先诉抗辩权的,人民法院不予支持,但债权人在一般保证人破产程序中的分配额应予提存,待一般保证人应承担的保证责任确定后再按照破产清偿比例予以分配。

保证人被确定应当承担保证责任的,保证人的管理人可以就保证人实际承担的清偿额向主债务人或其他债务人行使求偿权。

第五条 债务人、保证人均被裁定进入破产程序的,债权人有权向债务人、保证人分别申报债权。

债权人向债务人、保证人申报全部债权的,从一方破产程序中获得清偿后,其对另一方的债权额不作调整,但债权人的受偿额不得超出其债权总额。保证人履行保证责任后不再享有求偿权。

第六条 管理人应当依照企业破产法第五十七条的规定对所申报的债权进行登记造册,详尽记载申报人的姓名、单位、代理人、申报债权额、担保情况、证据、联系方式等事项,形成债权申报登记册。

管理人应当依照企业破产法第五十七条的规定对债权的性质、数额、担保财产、是否超过诉讼时效期间、是否超过强制执行期间等情况进行审查、编制债权表并提交债权人会议核查。

债权表、债权申报登记册及债权申报材料在破产期间由管理人保管,债权人、债务人、债务人职工及其他利害关系人有权查阅。

第七条 已经生效法律文书确定的债权,管理人应当予以确认。

管理人认为债权人据以申报债权的生效法律文书确定的债权错误,或者有证据证明债权人与债务人恶意通过诉讼、仲裁或者公证机关赋予强制执行力公证文书的形式虚构债权债务的，应当依法通过审判监督程序向作出该判决、裁定、调解书的人民法院或者上一级人民法院申请撤销生效法律文书，或者向受理破产申请的人民法院申请撤销或者不予执行仲裁裁决、不予执行公证债权文书后，重新确定债权。

第八条 债务人、债权人对债权表记载的债权有异议的，应当说明理由和法律依据。经管理人解释或调整后，异议人仍然不服的，或者管理人不予解释或调整的，异议人应当在债权人会议核查结束后十五日内向人民法院提起债权确认的诉讼。当事人之间在破产申请受理前订立有仲裁条款或仲裁协议的，应当向选定的仲裁机构申请确认债权债务关系。

第九条 债务人对债权表记载的债权有异议向人民法院提起诉讼的，应将被异议债权人列为被告。债权人对债权表记载的他人债权有异议的，应将被异议债权人列为被告；债权人对债权表记载的本人债权有异议的，应将债务人列为被告。

对同一笔债权存在多个异议人，其他异议人申请参加诉讼的，应当列为共同原告。

第十条 单个债权人有权查阅债务人财产状况报告、债权人会议决议、债权人委员会决议、管理人监督报告等参与破产程序所必需的债务人财务和经营信息资料。管理人无正当理由不予提供的，债权人可以请求人民法院作出决定；人民法院应当在五日内作出决定。

上述信息资料涉及商业秘密的，债权人应当依法承担保密义务或者签署保密协议；涉及国家秘密的应当依照相关法律规定处理。

第十一条 债权人会议的决议除现场表决外，可以由管理人事先将相关决议事项告知债权人，采取通信、网络投票等非现场方式进行表决。采取非现场方式进行表决的，管理人应当在债权人会议召开后的三日内，以信函、电子邮件、公告等方式将表决结果告知参与表决的债权人。

根据企业破产法第八十二条规定，对重整计划草案进行分组表决时，权益因重整计划草案受到调整或者影响的债权人或者股东，有权参加表决；权益未受到调整或者影响的债权人或者股东，参照企业破产法第八十三条的规定，不参加重整计划草案的表决。

第十二条 债权人会议的决议具有以下情形之一，损害债权人利益，

债权人申请撤销的,人民法院应予支持:

(一)债权人会议的召开违反法定程序;

(二)债权人会议的表决违反法定程序;

(三)债权人会议的决议内容违法;

(四)债权人会议的决议超出债权人会议的职权范围。

人民法院可以裁定撤销全部或者部分事项决议,责令债权人会议依法重新作出决议。

债权人申请撤销债权人会议决议的,应当提出书面申请。债权人会议采取通信、网络投票等非现场方式进行表决的,债权人申请撤销的期限自债权人收到通知之日起算。

第十三条 债权人会议可以依照企业破产法第六十八条第一款第四项的规定,委托债权人委员会行使企业破产法第六十一条第一款第二、三、五项规定的债权人会议职权。债权人会议不得作出概括性授权,委托其行使债权人会议所有职权。

第十四条 债权人委员会决定所议事项应获得全体成员过半数通过,并作成议事记录。债权人委员会成员对所议事项的决议有不同意见的,应当在记录中载明。

债权人委员会行使职权应当接受债权人会议的监督,以适当的方式向债权人会议及时汇报工作,并接受人民法院的指导。

第十五条 管理人处分企业破产法第六十九条规定的债务人重大财产的,应当事先制作财产管理或者变价方案并提交债权人会议进行表决,债权人会议表决未通过的,管理人不得处分。

管理人实施处分前,应当根据企业破产法第六十九条的规定,提前十日书面报告债权人委员会或者人民法院。债权人委员会可以依照企业破产法第六十八条第二款的规定,要求管理人对处分行为作出相应说明或者提供有关文件依据。

债权人委员会认为管理人实施的处分行为不符合债权人会议通过的财产管理或变价方案的,有权要求管理人纠正。管理人拒绝纠正的,债权人委员会可以请求人民法院作出决定。

人民法院认为管理人实施的处分行为不符合债权人会议通过的财产

管理或变价方案的,应当责令管理人停止处分行为。管理人应当予以纠正,或者提交债权人会议重新表决通过后实施。

第十六条 本规定自 2019 年 3 月 28 日起实施。

实施前本院发布的有关企业破产的司法解释,与本规定相抵触的,自本规定实施之日起不再适用。

最高人民法院关于审理企业破产案件若干问题的规定

(2002 年 7 月 18 日最高人民法院审判委员会第 1232 次会议通过 2002 年 7 月 30 日公布 法释〔2002〕23 号 自 2002 年 9 月 1 日起施行)

为正确适用《中华人民共和国企业破产法(试行)》(以下简称企业破产法)、《中华人民共和国民事诉讼法》(以下简称民事诉讼法),规范对企业破产案件的审理,结合人民法院审理企业破产案件的实际情况,特制定以下规定。

一、关于企业破产案件管辖

第一条 企业破产案件由债务人住所地人民法院管辖。债务人住所地指债务人的主要办事机构所在地。债务人无办事机构的,由其注册地人民法院管辖。

第二条 基层人民法院一般管辖县、县级市或者区的工商行政管理机关核准登记企业的破产案件;

中级人民法院一般管辖地区、地级市(含本级)以上的工商行政管理机关核准登记企业的破产案件;

纳入国家计划调整的企业破产案件,由中级人民法院管辖。

第三条 上级人民法院审理下级人民法院管辖的企业破产案件,或者将本院管辖的企业破产案件移交下级人民法院审理,以及下级人民法院需要将自己管辖的企业破产案件交由上级人民法院审理的,依照民事诉讼法第三十九条的规定办理;省、自治区、直辖市范围内因特殊情况需对个别企业破产案件的地域管辖作调整的,须经共同上级人民法院批准。

二、关于破产申请与受理

第四条 申请(被申请)破产的债务人应当具备法人资格,不具备法人资格的企业、个体工商户、合伙组织、农村承包经营户不具备破产主体资格。

第五条 国有企业向人民法院申请破产时,应当提交其上级主管部门同意其破产的文件;其他企业应当提供其开办人或者股东会议决定企业破产的文件。

第六条 债务人申请破产,应当向人民法院提交下列材料:

(一)书面破产申请;

(二)企业主体资格证明;

(三)企业法定代表人与主要负责人名单;

(四)企业职工情况和安置预案;

(五)企业亏损情况的书面说明,并附审计报告;

(六)企业至破产申请日的资产状况明细表,包括有形资产、无形资产和企业投资情况等;

(七)企业在金融机构开设账户的详细情况,包括开户审批材料、账号、资金等;

(八)企业债权情况表,列明企业的债务人名称、住所、债务数额、发生时间和催讨偿还情况;

(九)企业债务情况表,列明企业的债权人名称、住所、债权数额、发生时间;

(十)企业涉及的担保情况;

(十一)企业已发生的诉讼情况;

（十二）人民法院认为应当提交的其他材料。

第七条 债权人申请债务人破产,应当向人民法院提交下列材料：

（一）债权发生的事实与证据；

（二）债权性质、数额、有无担保,并附证据；

（三）债务人不能清偿到期债务的证据。

第八条 债权人申请债务人破产,人民法院可以通知债务人核对以下情况：

（一）债权的真实性；

（二）债权在债务人不能偿还的到期债务中所占的比例；

（三）债务人是否存在不能清偿到期债务的情况。

第九条 债权人申请债务人破产,债务人对债权人的债权提出异议,人民法院认为异议成立的,应当告知债权人先行提起民事诉讼。破产申请不予受理。

第十条 人民法院收到破产申请后,应当在七日内决定是否立案；破产申请人提交的材料需要更正、补充的,人民法院可以责令申请人限期更正、补充。按期更正、补充材料的,人民法院自收到更正补充材料之日起七日内决定是否立案；未按期更正、补充的,视为撤回申请。

人民法院决定受理企业破产案件的,应当制作案件受理通知书,并送达申请人和债务人。通知书作出时间为破产案件受理时间。

第十一条 在人民法院决定受理企业破产案件前,破产申请人可以请求撤回破产申请。

人民法院准许申请人撤回破产申请的,在撤回破产申请之前已经支出的费用由破产申请人承担。

第十二条 人民法院经审查发现有下列情况的,破产申请不予受理：

（一）债务人有隐匿、转移财产等行为,为了逃避债务而申请破产的；

（二）债权人借破产申请毁损债务人商业信誉,意图损害公平竞争的。

第十三条 人民法院对破产申请不予受理的,应当作出裁定。

破产申请人对不予受理破产申请的裁定不服的,可以在裁定送达之日起十日内向上一级人民法院提起上诉。

第十四条 人民法院受理企业破产案件后,发现不符合法律规定的受理条件或者有本规定第十二条所列情形的,应当裁定驳回破产申请。

人民法院受理债务人的破产申请后,发现债务人巨额财产下落不明且不能合理解释财产去向的,应当裁定驳回破产申请。

破产申请人对驳回破产申请的裁定不服的,可以在裁定送达之日起十日内向上一级人民法院提起上诉。

第十五条 人民法院决定受理企业破产案件后,应当组成合议庭,并在十日内完成下列工作:

(一)将合议庭组成人员情况书面通知破产申请人和被申请人,并在法院公告栏张贴企业破产受理公告。公告内容应当写明:破产申请受理时间、债务人名称、申报债权的期限、地点和逾期未申报债权的法律后果、第一次债权人会议召开的日期、地点;

(二)在债务人企业发布公告,要求保护好企业财产,不得擅自处理企业的账册、文书、资料、印章,不得隐匿、私分、转让、出售企业财产;

(三)通知债务人立即停止清偿债务,非经人民法院许可不得支付任何费用;

(四)通知债务人的开户银行停止债务人的结算活动,并不得扣划债务人款项抵扣债务。但经人民法院依法许可的除外。

第十六条 人民法院受理债权人提出的企业破产案件后,应当通知债务人在十五日内向人民法院提交有关会计报表、债权债务清册、企业资产清册以及人民法院认为应当提交的资料。

第十七条 人民法院受理企业破产案件后,除应当按照企业破产法第九条的规定通知已知的债权人外,还应当于三十日内在国家、地方有影响的报纸上刊登公告,公告内容同第十五条第(一)项的规定。

第十八条 人民法院受理企业破产案件后,除可以随即进行破产宣告成立清算组的外,在企业原管理组织不能正常履行管理职责的情况下,可以成立企业监管组。企业监管组成员从企业上级主管部门或者股东会议代表、企业原管理人员、主要债权人中产生,也可以聘请会计师、律师等中介机构参加。企业监管组主要负责处理以下事务:

(一)清点、保管企业财产;

(二)核查企业债权;

（三）为企业利益而进行的必要的经营活动；
（四）支付人民法院许可的必要支出；
（五）人民法院许可的其他工作。
企业监管组向人民法院负责，接受人民法院的指导、监督。

第十九条　人民法院受理企业破产案件后，以债务人为原告的其他民事纠纷案件尚在一审程序的，受诉人民法院应当将案件移送受理破产案件的人民法院；案件已进行到二审程序的，受诉人民法院应当继续审理。

第二十条　人民法院受理企业破产案件后，对债务人财产的其他民事执行程序应当中止。

以债务人为被告的其他债务纠纷案件，根据下列不同情况分别处理：

（一）已经审结但未执行完毕的，应当中止执行，由债权人凭生效的法律文书向受理破产案件的人民法院申报债权。

（二）尚未审结且无其他被告和无独立请求权的第三人的，应当中止诉讼，由债权人向受理破产案件的人民法院申报债权。在企业被宣告破产后，终结诉讼。

（三）尚未审结并有其他被告或者无独立请求权的第三人的，应当中止诉讼，由债权人向受理破产案件的人民法院申报债权。待破产程序终结后，恢复审理。

（四）债务人系从债务人的债务纠纷案件继续审理。

三、关于债权申报

第二十一条　债权人申报债权应当提交债权证明和合法有效的身份证明；代理申报人应当提交委托人的有效身份证明、授权委托书和债权证明。

申报的债权有财产担保的，应当提交证明财产担保的证据。

第二十二条　人民法院在登记申报的债权时，应当记明债权人名称、住所、开户银行、申报债权数额、申报债权的证据、财产担保情况、申报时间、联系方式以及其他必要的情况。

已经成立清算组的,由清算组进行上述债权登记工作。

第二十三条 连带债务人之一或者数人破产的,债权人可就全部债权向该债务人或者各债务人行使权利,申报债权。债权人未申报债权的,其他连带债务人可就将来可能承担的债务申报债权。

第二十四条 债权人虽未在法定期间申报债权,但有民事诉讼法第七十六条规定情形的,在破产财产分配前可向清算组申报债权。清算组负责审查其申报的债权,并由人民法院审查确定。债权人会议对人民法院同意该债权人参加破产财产分配有异议的,可以向人民法院申请复议。

四、关于破产和解与破产企业整顿

第二十五条 人民法院受理企业破产案件后,在破产程序终结前,债务人可以向人民法院申请和解。人民法院在破产案件审理过程中,可以根据债权人、债务人具体情况向双方提出和解建议。

人民法院作出破产宣告裁定前,债权人会议与债务人达成和解协议并经人民法院裁定认可的,由人民法院发布公告,中止破产程序。

人民法院作出破产宣告裁定后,债权人会议与债务人达成和解协议并经人民法院裁定认可,由人民法院裁定中止执行破产宣告裁定,并公告中止破产程序。

第二十六条 债务人不按和解协议规定的内容清偿全部债务的,相关债权人可以申请人民法院强制执行。

第二十七条 债务人不履行或者不能履行和解协议的,经债权人申请,人民法院应当裁定恢复破产程序。和解协议系在破产宣告前达成的,人民法院应当在裁定恢复破产程序的同时裁定宣告债务人破产。

第二十八条 企业由债权人申请破产的,如被申请破产的企业系国有企业,依照企业破产法第四章的规定,其上级主管部门可以申请对该企业进行整顿。整顿申请应当在债务人被宣告破产前提出。

企业无上级主管部门的,企业股东会议可以通过决议并以股东会议名义申请对企业进行整顿。整顿工作由股东会议指定人员负责。

第二十九条 企业整顿期间,企业的上级主管部门或者负责实施整顿方案的人员应当定期向债权人会议和人民法院报告整顿情况、和解协议执行情况。

第三十条 企业整顿期间,对于债务人财产的执行仍适用企业破产法第十一条的规定。

五、关于破产宣告

第三十一条 企业破产法第三条第一款规定的"不能清偿到期债务"是指:

(一)债务的履行期限已届满;

(二)债务人明显缺乏清偿债务的能力。

债务人停止清偿到期债务并呈连续状态,如无相反证据,可推定为"不能清偿到期债务"。

第三十二条 人民法院受理债务人破产案件后,有下列情形之一的,应当裁定宣告债务人破产:

(一)债务人不能清偿债务且与债权人不能达成和解协议的;

(二)债务人不履行或者不能履行和解协议的;

(三)债务人在整顿期间有企业破产法第二十一条规定情形的;

(四)债务人在整顿期满后有企业破产法第二十二条第二款规定情形的。

宣告债务人破产应当公开进行。由债权人提出破产申请的,破产宣告时应当通知债务人到庭。

第三十三条 债务人自破产宣告之日起停止生产经营活动。为债权人利益确有必要继续生产经营的,须经人民法院许可。

第三十四条 人民法院宣告债务人破产后,应当通知债务人的开户银行,限定其银行账户只能由清算组使用。人民法院通知开户银行时应当附破产宣告裁定书。

第三十五条 人民法院裁定宣告债务人破产后应当发布公告,公告内容包括债务人亏损情况、资产负债状况、破产宣告时间、破产宣告理由和法律依据以及对债务人的财产、账册、文书、资料和印章的保护等内容。

第三十六条　破产宣告后,破产企业的财产在其他民事诉讼程序中被查封、扣押、冻结的,受理破产案件的人民法院应当立即通知采取查封、扣押、冻结措施的人民法院予以解除,并向受理破产案件的人民法院办理移交手续。

第三十七条　企业被宣告破产后,人民法院应当指定必要的留守人员。破产企业的法定代表人、财会、财产保管人员必须留守。

第三十八条　破产宣告后,债权人或者债务人对破产宣告有异议的,可以在人民法院宣告企业破产之日起十日内,向上一级人民法院申诉。上一级人民法院应当组成合议庭进行审理,并在三十日内作出裁定。

六、关于债权人会议

第三十九条　债权人会议由申报债权的债权人组成。

债权人会议主席由人民法院在有表决权的债权人中指定。必要时,人民法院可以指定多名债权人会议主席,成立债权人会议主席委员会。

少数债权人拒绝参加债权人会议,不影响会议的召开。但债权人会议不得作出剥夺其对破产财产受偿的机会或者不利于其受偿的决议。

第四十条　第一次债权人会议应当在人民法院受理破产案件公告三个月期满后召开。除债务人的财产不足以支付破产费用,破产程序提前终结外,不得以一般债权的清偿率为零为理由取消债权人会议。

第四十一条　第一次债权人会议由人民法院召集并主持。人民法院除完成本规定第十七条确定的工作外,还应当做好以下准备工作:

（一）拟订第一次债权人会议议程;

（二）向债务人的法定代表人或者负责人发出通知,要求其必须到会;

（三）向债务人的上级主管部门、开办人或者股东会议代表发出通知,要求其派员列席会议;

（四）通知破产清算组成员列席会议;

（五）通知审计、评估人员参加会议;

（六）需要提前准备的其他工作。

第四十二条　债权人会议一般包括以下内容:

（一）宣布债权人会议职权和其他有关事项；

（二）宣布债权人资格审查结果；

（三）指定并宣布债权人会议主席；

（四）安排债务人法定代表人或者负责人接受债权人询问；

（五）由清算组通报债务人的生产经营、财产、债务情况并作清算工作报告和提出财产处理方案及分配方案；

（六）讨论并审查债权的证明材料、债权的财产担保情况及数额、讨论通过和解协议、审阅清算组的清算报告、讨论通过破产财产的处理方案与分配方案等。讨论内容应当记明笔录。债权人对人民法院或者清算组登记的债权提出异议的，人民法院应当及时审查并作出裁定；

（七）根据讨论情况，依照企业破产法第十六条的规定进行表决。

以上第（五）至（七）项议程内的工作在本次债权人会议上无法完成的，交由下次债权人会议继续进行。

第四十三条 债权人认为债权人会议决议违反法律规定或者侵害其合法权益的，可以在债权人会议作出决议后七日内向人民法院提出，由人民法院依法裁定。

第四十四条 清算组财产分配方案经债权人会议两次讨论未获通过的，由人民法院依法裁定。

对前款裁定，占无财产担保债权总额半数以上债权的债权人有异议的，可以在人民法院作出裁定之日起十日内向上一级人民法院申诉。上一级人民法院应当组成合议庭进行审理，并在三十日内作出裁定。

第四十五条 债权人可以委托代理人出席债权人会议，并可以授权代理人行使表决权。代理人应当向人民法院或者债权人会议主席提交授权委托书。

第四十六条 第一次债权人会议后又召开债权人会议的，债权人会议主席应当在发出会议通知前三日报告人民法院，并由会议召集人在开会前十五日将会议时间、地点、内容、目的等事项通知债权人。

七、关于清算组

第四十七条 人民法院应当自裁定宣告企业破产之日起十五日内成

立清算组。

第四十八条 清算组成员可以从破产企业上级主管部门、清算中介机构以及会计、律师中产生，也可以从政府财政、工商管理、计委、经委、审计、税务、物价、劳动、社会保险、土地管理、国有资产管理、人事等部门中指定。人民银行分(支)行可以按照有关规定派人参加清算组。

第四十九条 清算组经人民法院同意可以聘请破产清算机构、律师事务所、会计事务所等中介机构承担一定的破产清算工作。中介机构就清算工作向清算组负责。

第五十条 清算组的主要职责是：

（一）接管破产企业。向破产企业原法定代表人及留守人员接收原登记造册的资产明细表、有形资产清册，接管所有财产、账册、文书档案、印章、证照和有关资料。破产宣告前成立企业监管组的，由企业监管组和企业原法定代表人向清算组进行移交；

（二）清理破产企业财产，编制财产明细表和资产负债表，编制债权债务清册，组织破产财产的评估、拍卖、变现；

（三）回收破产企业的财产，向破产企业的债务人、财产持有人依法行使财产权利；

（四）管理、处分破产财产，决定是否履行合同和在清算范围内进行经营活动。确认别除权、抵销权、取回权；

（五）进行破产财产的委托评估、拍卖及其他变现工作；

（六）依法提出并执行破产财产处理和分配方案；

（七）提交清算报告；

（八）代表破产企业参加诉讼和仲裁活动；

（九）办理企业注销登记等破产终结事宜；

（十）完成人民法院依法指定的其他事项。

第五十一条 清算组对人民法院负责并且报告工作，接受人民法院的监督。人民法院应当及时指导清算组的工作，明确清算组的职权与责任，帮助清算组拟订工作计划，听取清算组汇报工作。

清算组有损害债权人利益的行为或者其他违法行为的，人民法院可以根据债权人的申请或者依职权予以纠正。

人民法院可以根据债权人的申请或者依职权更换不称职的清算组成员。

第五十二条 清算组应当列席债权人会议，接受债权人会议的询问。债权人有权查阅有关资料、询问有关事项；清算组的决定违背债权人利益的，债权人可以申请人民法院裁定撤销该决定。

第五十三条 清算组对破产财产应当及时登记、清理、审计、评估、变价。必要时，可以请求人民法院对破产企业财产进行保全。

第五十四条 清算组应当采取有效措施保护破产企业的财产。债务人的财产权利如不依法登记或者及时行使将丧失权利的，应当及时予以登记或者行使；对易损、易腐、跌价或者保管费用较高的财产应当及时变卖。

八、关于破产债权

第五十五条 下列债权属于破产债权：

（一）破产宣告前发生的无财产担保的债权；

（二）破产宣告前发生的虽有财产担保但是债权人放弃优先受偿的债权；

（三）破产宣告前发生的虽有财产担保但是债权数额超过担保物价值部分的债权；

（四）票据出票人被宣告破产，付款人或者承兑人不知其事实而向持票人付款或者承兑所产生的债权；

（五）清算组解除合同，对方当事人依法或者依照合同约定产生的对债务人可以用货币计算的债权；

（六）债务人的受托人在债务人破产后，为债务人的利益处理委托事务所发生的债权；

（七）债务人发行债券形成的债权；

（八）债务人的保证人代替债务人清偿债务后依法可以向债务人追偿的债权；

（九）债务人的保证人按照《中华人民共和国担保法》第三十二条的

规定预先行使追偿权而申报的债权；

（十）债务人为保证人的，在破产宣告前已经被生效的法律文书确定承担的保证责任；

（十一）债务人在破产宣告前因侵权、违约给他人造成财产损失而产生的赔偿责任；

（十二）人民法院认可的其他债权。

以上第(五)项债权以实际损失为计算原则。违约金不作为破产债权，定金不再适用定金罚则。

第五十六条 因企业破产解除劳动合同，劳动者依法或者依据劳动合同对企业享有的补偿金请求权，参照企业破产法第三十七条第二款第(一)项规定的顺序清偿。

第五十七条 债务人所欠非正式职工(含短期劳动工)的劳动报酬，参照企业破产法第三十七条第二款第(一)项规定的顺序清偿。

第五十八条 债务人所欠企业职工集资款，参照企业破产法第三十七条第二款第(一)项规定的顺序清偿。但对违反法律规定的高额利息部分不予保护。

职工向企业的投资，不属于破产债权。

第五十九条 债务人退出联营应当对该联营企业的债务承担责任的，联营企业的债权人对该债务人享有的债权属于破产债权。

第六十条 与债务人互负债权债务的债权人可以向清算组请求行使抵销权，抵销权的行使应当具备以下条件：

（一）债权人的债权已经得到确认；

（二）主张抵销的债权债务均发生在破产宣告之前。

经确认的破产债权可以转让。受让人以受让的债权抵销其所欠债务人债务的，人民法院不予支持。

第六十一条 下列债权不属于破产债权：

（一）行政、司法机关对破产企业的罚款、罚金以及其他有关费用；

（二）人民法院受理破产案件后债务人未支付应付款项的滞纳金，包括债务人未执行生效法律文书应当加倍支付的迟延利息和劳动保险金的滞纳金；

（三）破产宣告后的债务利息；
（四）债权人参加破产程序所支出的费用；
（五）破产企业的股权、股票持有人在股权、股票上的权利；
（六）破产财产分配开始后向清算组申报的债权；
（七）超过诉讼时效的债权；
（八）债务人开办单位对债务人未收取的管理费、承包费。

上述不属于破产债权的权利，人民法院或者清算组也应当对当事人的申报进行登记。

第六十二条　政府无偿拨付给债务人的资金不属于破产债权。但财政、扶贫、科技管理等行政部门通过签订合同，按有偿使用、定期归还原则发放的款项，可以作为破产债权。

第六十三条　债权人对清算组确认或者否认的债权有异议的，可以向清算组提出。债权人对清算组的处理仍有异议的，可以向人民法院提出。人民法院应当在查明事实的基础上依法作出裁决。

九、关于破产财产

第六十四条　破产财产由下列财产构成：
（一）债务人在破产宣告时所有的或者经营管理的全部财产；
（二）债务人在破产宣告后至破产程序终结前取得的财产；
（三）应当由债务人行使的其他财产权利。

第六十五条　债务人与他人共有的物、债权、知识产权等财产或者财产权，应当在破产清算中予以分割，债务人分割所得属于破产财产；不能分割的，应当就其应得部分转让，转让所得属于破产财产。

第六十六条　债务人的开办人注册资金投入不足的，应当由该开办人予以补足，补足部分属于破产财产。

第六十七条　企业破产前受让他人财产并依法取得所有权或者土地使用权的，即便未支付或者未完全支付对价，该财产仍属于破产财产。

第六十八条　债务人的财产被采取民事诉讼执行措施的，在受理破产案件后尚未执行的或者未执行完毕的剩余部分，在该企业被宣告破产后列入破产财产。因错误执行应当执行回转的财产,在执行回转后列入破产财产。

第六十九条 债务人依照法律规定取得代位求偿权的,依该代位求偿权享有的债权属于破产财产。

第七十条 债务人在被宣告破产时未到期的债权视为已到期,属于破产财产,但应当减去未到期的利息。

第七十一条 下列财产不属于破产财产:

(一)债务人基于仓储、保管、加工承揽、委托交易、代销、借用、寄存、租赁等法律关系占有、使用的他人财产;

(二)抵押物、留置物、出质物,但权利人放弃优先受偿权的或者优先偿付被担保债权剩余的部分除外;

(三)担保物灭失后产生的保险金、补偿金、赔偿金等代位物;

(四)依照法律规定存在优先权的财产,但权利人放弃优先受偿权或者优先偿付特定债权剩余的部分除外;

(五)特定物买卖中,尚未转移占有但相对人已完全支付对价的特定物;

(六)尚未办理产权证或者产权过户手续但已向买方交付的财产;

(七)债务人在所有权保留买卖中尚未取得所有权的财产;

(八)所有权专属于国家且不得转让的财产;

(九)破产企业工会所有的财产。

第七十二条 本规定第七十一条第(一)项所列的财产,财产权利人有权取回。

前款财产在破产宣告前已经毁损灭失的,财产权利人仅能以直接损失额为限申报债权;在破产宣告后因清算组的责任毁损灭失的,财产权利人有权获得等值赔偿。

债务人转让上述财产获利的,财产权利人有权要求债务人等值赔偿。

十、关于破产财产的收回、处理和变现

第七十三条 清算组应当向破产企业的债务人和财产持有人发出书

面通知,要求债务人和财产持有人于限定的时间向清算组清偿债务或者交付财产。

破产企业的债务人和财产持有人有异议的,应当在收到通知后的七日内提出,由人民法院作出裁定。

破产企业的债务人和财产持有人在收到通知后既不向清算组清偿债务或者交付财产,又没有正当理由不在规定的异议期内提出异议的,由清算组向人民法院提出申请,经人民法院裁定后强制执行。

破产企业在境外的财产,由清算组予以收回。

第七十四条 债务人享有的债权,其诉讼时效自人民法院受理债务人的破产申请之日起,适用《中华人民共和国民法通则》第一百四十条关于诉讼时效中断的规定。债务人与债权人达成和解协议,中止破产程序的,诉讼时效自人民法院中止破产程序裁定之日起重新计算。

第七十五条 经人民法院同意,清算组可以聘用律师或者其他中介机构的人员追收债权。

第七十六条 债务人设立的分支机构和没有法人资格的全资机构的财产,应当一并纳入破产程序进行清理。

第七十七条 债务人在其开办的全资企业中的投资权益应当予以追收。

全资企业资不抵债的,清算组停止追收。

第七十八条 债务人对外投资形成的股权及其收益应当予以追收。对该股权可以出售或者转让,出售、转让所得列入破产财产进行分配。

股权价值为负值的,清算组停止追收。

第七十九条 债务人开办的全资企业,以及由其参股、控股的企业不能清偿到期债务,需要进行破产还债的,应当另行提出破产申请。

第八十条 清算组处理集体所有土地使用权时,应当遵守相关法律规定。未办理土地征用手续的集体所有土地使用权,应当在该集体范围内转让。

第八十一条 破产企业的职工住房,已经签订合同、交付房款,进行房改给个人的,不属于破产财产。未进行房改的,可由清算组向有关部门申请办理房改事项,向职工出售。按照国家规定不具备房改条件,或者职工在房改中不购买住房的,由清算组根据实际情况处理。

第八十二条　债务人的幼儿园、学校、医院等公益福利性设施,按国家有关规定处理,不作为破产财产分配。

第八十三条　处理破产财产前,可以确定有相应评估资质的评估机构对破产财产进行评估,债权人会议、清算组对破产财产的评估结论、评估费用有异议的,参照最高人民法院《关于民事诉讼证据的若干规定》第二十七条的规定处理。

第八十四条　债权人会议对破产财产的市场价格无异议的,经人民法院同意后,可以不进行评估。但是国有资产除外。

第八十五条　破产财产的变现应当以拍卖方式进行。由清算组负责委托有拍卖资格的拍卖机构进行拍卖。

依法不得拍卖或者拍卖所得不足以支付拍卖所需费用的,不进行拍卖。

前款不进行拍卖或者拍卖不成的破产财产,可以在破产分配时进行实物分配或者作价变卖。债权人对清算组在实物分配或者作价变卖中对破产财产的估价有异议的,可以请求人民法院进行审查。

第八十六条　破产财产中的成套设备,一般应当整体出售。

第八十七条　依法属于限制流通的破产财产,应当由国家指定的部门收购或者按照有关法律规定处理。

十一、关于破产费用

第八十八条　破产费用包括:

(一)破产财产的管理、变卖、分配所需要的费用;

(二)破产案件的受理费;

(三)债权人会议费用;

(四)催收债务所需费用;

(五)为债权人的共同利益而在破产程序中支付的其他费用。

第八十九条　人民法院受理企业破产案件可以按照《人民法院诉讼收费办法补充规定》预收案件受理费。

破产宣告前发生的经人民法院认可的必要支出,从债务人财产中拨付。债务人财产不足以支付的,如系债权人申请破产的,由债权人支付。

第九十条 清算期间职工生活费、医疗费可以从破产财产中优先拨付。

第九十一条 破产费用可随时支付,破产财产不足以支付破产费用的,人民法院根据清算组的申请裁定终结破产程序。

十二、关于破产财产的分配

第九十二条 破产财产分配方案经债权人会议通过后,由清算组负责执行。财产分配可以一次分配,也可以多次分配。

第九十三条 破产财产分配方案应当包括以下内容:

(一)可供破产分配的财产种类、总值、已经变现的财产和未变现的财产;

(二)债权清偿顺序、各顺序的种类与数额,包括破产企业所欠职工工资、劳动保险费用和破产企业所欠税款的数额和计算依据,纳入国家计划调整的企业破产,还应当说明职工安置费的数额和计算依据;

(三)破产债权总额和清偿比例;

(四)破产分配的方式、时间;

(五)对将来能够追回的财产拟进行追加分配的说明。

第九十四条 列入破产财产的债权,可以进行债权分配。债权分配以便于债权人实现债权为原则。

将人民法院已经确认的债权分配给债权人的,由清算组向债权人出具债权分配书,债权人可以凭债权分配书向债务人要求履行。债务人拒不履行的,债权人可以申请人民法院强制执行。

第九十五条 债权人未在指定期限内领取分配的财产的,对该财产可以进行提存或者变卖后提存价款,并由清算组向债权人发出催领通知书。债权人在收到催领通知书一个月后或者在清算组发出催领通知书两个月后,债权人仍未领取的,清算组应当对该部分财产进行追加分配。

十三、关于破产终结

第九十六条 破产财产分配完毕，由清算组向人民法院报告分配情况，并申请人民法院终结破产程序。

人民法院在收到清算组的报告和终结破产程序申请后，认为符合破产程序终结规定的，应当在七日内裁定终结破产程序。

第九十七条 破产程序终结后，由清算组向破产企业原登记机关办理企业注销登记。

破产程序终结后仍有可以追收的破产财产、追加分配等善后事宜需要处理的，经人民法院同意，可以保留清算组或者保留部分清算组成员。

第九十八条 破产程序终结后出现可供分配的财产的，应当追加分配。追加分配的财产，除企业破产法第四十条规定的由人民法院追回的财产外，还包括破产程序中因纠正错误支出收回的款项，因权利被承认追回的财产，债权人放弃的财产和破产程序终结后实现的财产权利等。

第九十九条 破产程序终结后，破产企业的账册、文书等卷宗材料由清算组移交破产企业上级主管机关保存；无上级主管机关的，由破产企业的开办人或者股东保存。

十四、其　　他

第一百条 人民法院在审理企业破产案件中，发现破产企业的原法定代表人或者直接责任人员有企业破产法第三十五条所列行为的，应当向有关部门建议，对该法定代表人或者直接责任人员给予行政处分；涉嫌犯罪的，应当将有关材料移送相关国家机关处理。

第一百零一条 破产企业有企业破产法第三十五条所列行为，致使企业财产无法收回，造成实际损失的，清算组可以对破产企业的原法定代表人、直接责任人员提起民事诉讼，要求其承担民事赔偿责任。

第一百零二条 人民法院受理企业破产案件后，发现企业有巨额财产下落不明的，应当将有关涉嫌犯罪的情况和材料，移送相关国家机关处理。

第一百零三条 人民法院可以建议有关部门对破产企业的主要责任人员限制其再行开办企业,在法定期限内禁止其担任公司的董事、监事、经理。

第一百零四条 最高人民法院发现各级人民法院,或者上级人民法院发现下级人民法院在破产程序中作出的裁定确有错误的,应当通知其纠正;不予纠正的,可以裁定指令下级人民法院重新作出裁定。

第一百零五条 纳入国家计划调整的企业破产案件,除适用本规定外,还应当适用国家有关企业破产的相关规定。

第一百零六条 本规定自 2002 年 9 月 1 日起施行。在本规定发布前制定的有关审理企业破产案件的司法解释,与本规定相抵触的,不再适用。